Más Allá del Bien y del Mal

FRIEDRICH NIETZSCHE

CONTENIDO

PRÓLOGO

Suponiendo que la verdad sea una mujer, ¿cómo?, ¿no está justificada la sospecha de que todos los filósofos, en la medida en que han sido dogmáticos, han entendido poco de mujeres?, ¿de que la estremecedora seriedad, la torpe insistencia con que hasta ahora han solido acercarse a la verdad eran medios inhábiles e ineptos para conquistar los favores precisamente de una hembra? Lo cierto es que la verdad no se ha dejado conquistar: y hoy toda especie de dogmática está ahí en pie, con una actitud de aflicción y desánimo. ¡Si es que en absoluto permanece en pie! Pues burlones hay que afirman que ha caído, que toda dogmática yace por el suelo, incluso que toda dogmática se encuentra en las últimas. Hablando en serio, hay buenas razones que abonan la esperanza de que todo dogmatizar en filosofía, aunque se haya presentado como algo muy solemne, muy definitivo y válido, acaso no haya sido más que una noble puerilidad y cosa de principiantes; y tal vez esté muy cercano el tiempo en que se comprenderá cada vez más qué es lo que propia mente ha bastado para poner la primera piedra de esos sublimes e incondicionales edificios de filósofos que los dogmáticos han venido levantando hasta ahora, una superstición popular cualquiera procedente de una época inmemorial (como la superstición del alma, la cual, en cuanto superstición del sujeto y superstición del yo, aún hoy no ha dejado de causar daño), acaso un juego cualquiera de palabras, una seducción de par te de la gramática o una temeraria generalización de hechos muy reducidos, muy personales, muy humanos, demasiado humanos. La filosofía de los dogmáticos ha sido, esperémoslo, tan sólo un hacer promesas durante milenios: como lo fue, en una época aún más antigua, la astrología, en cuyo servicio es posible que se hayan invertido más trabajo, dinero, perspicacia, paciencia que los invertidos hasta ahora en favor de cual quiera de las verdaderas ciencias: a la astrología y a sus pretensiones «sobreterrenales» se debe en Asia y en Egipto el estilo grandioso de la arquitectura. Parece que todas las cosas grandes, para inscribirse en el corazón de la humanidad con sus exigencias eternas, tienen que vagar antes sobre la tierra cual monstruosas y tremebundas figuras grotescas: una de esas figuras grotescas fue la filosofía dogmática, por ejemplo la doctrina del Vedanta en Asia y en Europa el platonismo. No seamos ingratos con ellas, aunque también tengamos que admitir que el peor, el más duradero y peligroso de todos los errores ha sido hasta ahora un error de dogmáticos, a saber, la invención por Platón del espíritu puro y del bien en sí.

Sin embargo, ahora que ese error ha sido superado, ahora que Europa respira aliviada de su pesadilla y que al menos le es lícito disfrutar de un mejor sueño, somos nosotros, cuya tarea es el estar despiertos, los herederos de toda la fuerza que la lucha contra ese error ha desarrollado y hecho crecer. En todo caso, hablar del espíritu y del bien como lo hizo Platón significaría poner la verdad cabeza abajo y negar el perspectivismo, el cual es condición fundamental de

1

toda vida; incluso, en cuanto médicos, nos es lícito preguntar: «¿De dónde procede esa enfermedad que aparece en la más bella planta de la Antigüedad, en Platón?, ¿es que la corrompió el malvado Sócrates?, ¿habría sido Sócrates, por lo tanto, el corruptor de la juventud?, ¿y habría merecido su cicuta?» Pero la lucha contra Platón o, para decirlo de una manera más inteligible para el «pueblo», la lucha contra la opresión cristiano eclesiástica durante siglos pues el cristianismo es platonismo para el «pueblo» ha creado en Europa una magnífica tensión del espíritu, cual no la había habido antes en la tierra: con un arco tan tenso nosotros podemos tomar ahora como blanco las metas más lejanas. Es cierto que el hombre europeo siente esa tensión como una tortura; y ya por dos veces se ha hecho, con gran estilo, el intento de aflojar el arco, la primera, por el jesuitismo, y la segunda, por la ilustración democrática: ¡a la cual le fue dado de hecho conseguir, con ayuda de la libertad de prensa y de la lectura de periódicos que el espíritu no se sintiese ya tan fácilmente a sí mismo como «tortura»! (Los alemanes inventaron la pólvora ¡todos mis respetos por ello!, pero volvieron a repararlo, inventaron la prensa.) Mas nosotros, que no somos ni jesuitas, ni demócratas, y ni siquiera suficientemente alemanes; nosotros los buenos europeos y espíritus libres, muy libres ¡nosotros la tenemos todavía, tenemos la tortura toda del espíritu y la entera tensión de su arco! Y acaso también la flecha, la tarea y, ¿quién sabe?, incluso el blanco...

SECCIÓN PRIMERA
DE LOS PREJUICIOS DE LOS FILÓSOFOS

1

La voluntad de verdad, que todavía nos seducirá a correr más de un riesgo, esa famosa veracidad de la que todos los filósofos han hablado hasta ahora con veneración: ¡qué preguntas nos ha propuesto ya esa voluntad de verdad! ¡Qué extrañas, perversas, problemáticas preguntas! Es una historia ya larga, ¿y no parece, sin embargo, que apenas acaba de empezar? ¿Puede extrañar el que nosotros acabemos haciéndonos des confiados, perdiendo la paciencia y dándonos la vuelta impacientes? ¿El que también nosotros, por nuestra parte, aprendamos de esa esfinge a preguntar? ¿Quién es propiamente el que aquí nos hace preguntas?

¿Qué cosa existente en nosotros es lo que aspira propiamente a la «verdad»? De hecho hemos estado de tenidos durante largo tiempo ante la pregunta que interroga por la causa de ese querer, hasta que hemos acabado deteniéndonos del todo ante una pregunta aún más radical. Hemos preguntado por el valor de esa voluntad. Suponiendo que nosotros queramos la verdad: ¿por qué no, más bien, la no verdad? ¿Y la incertidumbre? ¿Y aun la ignorancia? El problema del valor de la verdad se plantó delante de nosotros, ¿o fuimos nosotros quienes nos plantamos delante del problema? ¿Quién de nosotros es aquí Edipo? ¿Quién Esfinge? Es éste, a lo que parece, un lugar donde se dan cita preguntas y signos de interrogación. ¿Y se creería que a nosotros quiere parecernos, en última instancia, que el problema no ha sido planteado nunca hasta ahora, que ha sido visto, afrontado, osado por vez primera por nosotros?. Pues en él hay un riesgo, y acaso no exista ninguno mayor.

2

«¿Cómo podría una cosa surgir de su antítesis? ¿Por ejemplo, la verdad, del error? ¿O la voluntad de ver dad, de la voluntad de engaño? ¿O la acción desinteresada, del egoísmo? ¿O la pura y solar contemplación del sabio, de la concupiscencia? Semejante génesis es imposible; quien con ello sueña, un necio, incluso algo peor; las cosas de valor sumo es preciso que tengan otro origen, un origen propio, ¡no son derivables de este mundo pasajero, seductor, engañador, mezquino, de esta confusión de delirio y deseo! Antes bien, en el seno del ser, en lo no pasajero, en el Dios oculto, en la "cosa en sí" ¡ahí es donde tiene que estar su fundamento, y en ninguna otra parte!» Este modo de juzgar constituye el prejuicio típico por el cual resultan reconocibles los metafísicos de todos los tiempos; esta especie de valoraciones se encuentra en el tras fondo de todos sus procedimientos lógicos; partiendo de este «creer» suyo se esfuerzan por obtener su «saber», algo que al final es bautizado solemnemente con el nombre de «la verdad». La creencia básica de los metafísicos es la creencia en las antítesis de los valores. Ni siquiera a los más previsores entre ellos se les ocurrió dudar ya aquí en el umbral, donde más necesario era hacerlo, sin embargo: aun cuando se habían jurado de omnibus dubitandum [dudar de todas las cosas]. Pues, en efecto, es lícito poner en duda, en primer término, que existan en absoluto antítesis, y, en segundo término, que esas populares valoraciones y antítesis de valores sobre las cuales han impreso los metafísicos su sello sean algo más que estimaciones superficiales, sean algo más que perspectivas provisionales y, además, acaso, perspectivas tomadas desde un ángulo, de abajo arriba, perspectivas de rana, por así decirlo, para tomar prestada una expresión corriente entre los pintores. Pese a todo el valor que acaso corresponda a lo verdadero, a lo veraz, a lo desinteresado: sería posible que a la apariencia, a la voluntad de engaño, al egoísmo y a la concupiscencia hubiera que atribuirles un valor más elevado o más fundamental para toda vida. Sería incluso posible que lo que constituye el valor de aquellas cosas buenas y veneradas consistiese precisamente en el hecho de hallarse emparentadas, vinculadas, entreveradas de manera capciosa con estas cosas malas, aparentemente antitéticas, y quizá en ser idénticas esencialmente a ellas.

¡Quizá! ¡Más quién quiere preocuparse de tales peligrosos «quizás»!. Hay que aguardar para ello a la llegada de un nuevo género de filósofos, de filósofos que tengan gustos e inclinaciones diferentes y opuestos a los tenidos hasta ahora, filósofos del peligroso «quizá», en todos los sentidos de esta palabra. Y hablando con toda seriedad: yo veo surgir en el horizonte a esos nuevos filósofos.

3

Tras haber dedicado suficiente tiempo a leer a los filósofos entre líneas y a mirarles las manos, yo me digo: tenemos que contar entre las actividades instintivas la parte más grande del pensar consciente, y ello incluso en el caso del pensar filosófico; tenemos que cambiar aquí de ideas, lo mismo que hemos cambiado de ideas en lo referente a la herencia y a lo «innato». Así como el acto del nacimiento no entra en consideración para nada en el curso anterior y ulterior de la herencia: así tampoco es la «consciencia», en ningún sentido decisivo, antitética de lo instintivo, la mayor parte del pensar consciente de un filósofo está guiada de modo secreto por sus instintos y es forzada por éstos a discurrir por determinados carriles. También detrás de toda lógica y de su aparente soberanía de movimientos se encuentran valoraciones o, hablando con mayor claridad, exigencias fisiológicas orientadas a conservar una determinada especie de vida. Por ejemplo, que lo determinado es más valioso que lo indeterminado, la apariencia, menos valiosa que la «verdad»: a pesar de toda su importancia regulativa para nosotros, semejantes estimaciones podrían ser, sin embargo, nada más que estimaciones superficiales, una determinada especie de niaiserie [bobería], quizá necesaria precisamente para conservar seres tales como nosotros. Suponiendo, en efecto, que no sea precisamente el hombre la «medida de las cosas»...

4

La falsedad de un juicio no es para nosotros ya una objeción contra él; acaso sea en esto en lo que más extraño suene nuestro nuevo lenguaje. La cuestión está en saber hasta qué punto ese juicio favorece la vida, conserva la vida, conserva la especie, quizá incluso selecciona la especie; y nosotros estamos inclinados por principio a afirmar que los juicios más falsos (de ellos forman parte los juicios sintéticos a priori) son los más imprescindibles para nosotros, que el hombre no podría vivir si no admitiese las ficciones lógicas, si no midiese la realidad con el metro del mundo puramente inventado de lo incondicionado, idéntico así mismo, si no falsease permanentemente el mundo mediante el número, que renunciar a los juicios falsos sería renunciar a la vida, negar la vida. Admitir que la no verdad es condición de la vida: esto significa, desde luego, enfrentarse de modo peligroso a los sentimientos de valor habituales; y una filosofía que osa hacer esto se coloca, ya sólo con ello, más allá del bien y del mal.

5

Lo que nos incita a mirar a todos los filósofos con una mirada a medias desconfiada y a medias sarcástica no es el hecho de darnos cuenta una y otra vez de que son muy inocentes de que se equivocan y se extravían con mucha frecuencia y con gran facilidad, en suma, su infantilismo y su puerilidad, sino el hecho de que no se comporten con suficiente honestidad: siendo así que todos ellos levantan un ruido grande y virtuoso tan pronto como se toca, aunque sólo sea de lejos, el problema de la veracidad. Todos ellos simulan haber descubierto y alcanzado sus opiniones propias mediante el autodesarrollo de una dialéctica fría, pura, divinamente despreocupada (a diferencia de los místicos de todo grado, que son más honestos que ellos y más torpes los místicos hablan de «inspiración»): siendo así que, en el fondo, es una tesis adoptada de antemano, una ocurrencia, una «inspiración», casi siempre un deseo íntimo vuelto abstracto y pasado por la criba lo que ellos defienden con razones buscadas posteriormente: todos ellos son abogados que no quieren llamarse así, y en la mayoría de los casos son incluso pícaros abogados de sus prejuicios, a los que bautizan con el nombre de «verdades», y están muy lejos de la valentía de la conciencia que a sí misma se confiesa esto, precisamente esto, muy lejos del buen gusto de la valentía que da también a entender esto, bien para poner en guardia a un enemigo o amigo, bien por petulancia y por burlarse de sí misma. La tan tiesa como morigerada tartufería del viejo Kant, con la cual nos atrae hacia los tortuosos caminos de la dialéctica, los cuales encaminan o, más exactamente, descaminan hacia su «imperativo categórico» esa comedia nos hace sonreír a nosotros, hombres malacostumbrados que encontramos no parca diversión en indagar las sutiles malicias de los viejos moralistas y predicadores de moral. Y no digamos aquel hocus pocus [fórmula mágica] de forma matemática con el que Spinoza puso una como coraza de bronce a su filosofía y la enmascaró en definitiva, «el amor a su sabiduría», interpretando esta palabra en su sentido correcto y justo, a fin de intimidar así de antemano el valor del atacante que osase lanzar una mirada sobre esa invencible virgen y Palas

Atenea: ¡cuánta timidez y vulnerabilidad propias delata esa mascarada de un enfermo eremítico!

6

Poco a poco se me ha ido manifestando qué es lo que ha sido hasta ahora toda gran filosofía, a saber: la auto confesión de su autor y una especie de memoires [memorias] no queridas y no advertidas; asimismo, que las intenciones morales (o inmorales) han constituido en toda filosofía el auténtico germen vital del que ha brotado siempre la planta entera. De hecho, para aclarar de qué modo han tenido lugar propiamente las afirmaciones metafísicas más remotas de un filósofo es bueno (e inteligente) comenzar siempre preguntándose: ¿a qué moral quiere esto (quiere él) llegar? Yo no creo, por lo tanto, que un «instinto de conocimiento» sea el padre de la filosofía, sino que, aquí como en otras partes, un instinto diferente se ha servido del conocimiento (¡y del desconocimiento!) nada más que como de un instrumento. Pero quien examine los instintos fundamentales del hombre con el propósito de saber hasta qué punto precisamente ellos pueden haber actuado aquí como genios (o demonios o duendes) inspiradores encontrará que todos ellos han hecho ya alguna vez filosofía, y que a cada uno de ellos le gustaría mucho presentarse justo a sí mismo como finalidad última de la existencia y como legítimo señor de todos los demás instintos. Pues todo instinto ambiciona dominar: y en cuanto tal intenta filosofar. Desde luego: entre los doctos, entre los hombres auténticamente científicos acaso las cosas ocurran de otro modo «mejor», si se quiere, acaso haya allí realmente algo así como un instinto cognoscitivo, un pequeño reloj independiente que, una vez que se le ha dado bien la cuerda, se pone a trabajar de firme, sin que ninguno de los demás instintos del hombre docto participe esencialmente en ello. Por esto los auténticos «intereses» del docto se encuentran de ordinario en otros lugares completamente distintos, por ejemplo en la familia, o en el salario, o en la política; y hasta casi resulta indiferente el que su pequeña máquina se aplique a este o a aquel sector de la ciencia, y el que el joven y «esperanzador» trabajador haga de sí mismo un buen filólogo, o un experto en hongos, o un químico: lo que lo caracteriza no es que él llegue a ser esto o aquello. En el filósofo, por el contrario, nada, absolutamente nada es impersonal; y es especialmente su moral la que proporciona un decidido y decisivo testimonio de quién es él es decir, de en qué orden jerárquico se encuentran recíprocamente situados los instintos más íntimos de su naturaleza.

7

¡Qué malignos pueden ser los filósofos! Yo no conozco nada más venenoso que el chiste que Epicuro se permitió contra Platón y los platónicos: los llamó dionysiokolakes. Esta palabra, según su sentido literal, y en primer término, significa «aduladores de Dionisio», es decir, agentes del tirano y gentes serviles; pero, además, quiere decir «todos ellos son comediantes, en ellos no hay nada auténtico» (pues dionysokolax era una designación popular del comediante). Y en esto último consiste propiamente la malicia que Epicuro lanzó contra Platón: a Epicuro le molestaban los modales grandiosos, el ponerse uno a sí mismo en escena, cosa de que tanto entendían Platón y todos sus discípulos, ¡y de la que no entendía Epicuro!, él, el viejo maestro de escuela de Samos que permaneció escondido en su jardincillo de Atenas y escribió trescientos libros, ¿quién sabe?, ¿acaso por rabia y por ambición contra Platón? Fueron necesarios cien años para que Grecia se diese cuenta de quién había sido aquel dios del jardín, Epicuro. ¿Se dio cuenta?

8

En toda filosofía hay un punto en el que entra en escena la «convicción» del filósofo: o, para decirlo en el lenguaje de un antiguo mysterium: adventavit asínus pulcher et fortissimus [ha llegado un asno hermoso y muy fuerte].

9

¿Queréis vivir «según la naturaleza»?. ¡Oh nobles estoicos, qué embuste de palabras! Imaginaos un ser como la naturaleza, que es derrochadora sin medida, indiferente sin medida, que carece de intenciones y miramientos, de piedad y justicia, que es feraz y estéril e incierta al mismo tiempo, imaginaos la indiferencia misma como poder ¿cómo podríais vivir vosotros según esa indiferencia? Vivir ¿no es cabalmente un querer ser distinto de esa naturaleza? ¿Vivir no es evaluar, preferir, ser injusto, ser limitado, querer ser diferente? Y suponiendo que vuestro imperativo «vivir según la naturaleza» signifique en el fondo lo mismo que «vivir según la vida» ¿cómo podríais no vivir así? ¿Para qué convertir en un principio aquello que vosotros mismos sois y tenéis que ser? En verdad, las cosas son completamente distintas: ¡mientras simuláis leer embelesados el canon de vuestra ley en la naturaleza, lo que queréis es algo opuesto, vosotros extraños comediantes y engañadores de vosotros mismos! Vuestro orgullo quiere prescribir e incorporar a la naturaleza, incluso a la naturaleza, vuestra moral, vuestro ideal, vosotros exigís que ella sea naturaleza «según la Estoa» y quisierais hacer que toda existencia existiese tan sólo a imagen vuestra ¡cual una gigantesca y eterna glorificación y generalización del estoicismo! Pese a todo vuestro amor a la verdad, os coaccionáis a vosotros mismos, sin embargo, durante tanto tiempo, tan obstinadamente, con tal fijeza hipnótica, a ver la naturaleza de un modo falso, es decir, de un modo estoico, que ya no sois capaces de verla de otro modo, y cierta soberbia abismal acaba infundiéndoos incluso la insensata esperanza de que, porque vosotros sepáis tiranizaros a vosotros mismos estoicismo es tiranía de sí mismo , también la naturaleza se deja tiranizar; ¿no es, en efecto, el estoico un fragmento de la naturaleza?... Pero ésta es una historia vieja, eterna: lo que en aquel tiempo ocurrió con los estoicos sigue ocurriendo hoy tan pronto como una filosofía comienza a creer en sí misma. Siempre crea el mundo a su imagen, no puede actuar de otro modo; la filosofía es ese instinto tiránico mismo, la más espiritual voluntad de poder, de «crear el mundo», de ser causa prima [causa primera].

10

El afán y la sutileza, yo diría incluso la astucia, con que hoy se afronta por todas partes en Europa el problema «del mundo real y del mundo aparente», es algo que da que pensar y que incita a escuchar; y quien aquí no oiga en el trasfondo más que una «voluntad de verdad», y ninguna otra cosa, ése no goza cierta mente de oídos muy agudos. Tal vez en casos singulares y raros intervengan realmente aquí esa voluntad de verdad, cierto valor desenfrenado y aventurero, una ambición metafísica de conservar el puesto perdido, ambición que en definitiva continúa prefiriendo siempre un puñado de «certeza» a toda una carreta de hermosas posibilidades; acaso existan incluso fanáticos puritanos de la conciencia que prefieren echarse a morir sobre una nada segura antes que sobre un algo incierto. Pero esto es nihilismo e indicio de un alma des esperada, mortalmente cansada: y ello aunque los gestos de tal virtud puedan parecer muy valientes. En los pensadores más fuertes, más llenos de vida, todavía sedientos de vida, las cosas parecen ocurrir, sin embargo, de otro modo: al tomar partido contra la apariencia y pronunciar ya con soberbia la palabra «perspectivista», al conceder a la credibilidad de su propio cuerpo tan poco aprecio como a la credibilidad de la apariencia visible, la cual dice que «la tierra está quieta», y al dejar escaparse así de las manos, con buen humor al parecer, la posesión más segura (pues ¿en qué se cree ahora con más seguridad que en el cuerpo propio?), ¿quién sabe si en el fondo no quieren reconquistar algo que en otro tiempo fue poseído con una seguridad mayor, algo perteneciente al viejo patrimonio de la fe de otro tiempo, acaso «el alma inmortal», acaso «el viejo dios», en suma, ideas sobre las cuales se podía vivir mejor, es decir, de un modo más vigoroso y jovial que sobre las «ideas modernas»?

Hay en esto desconfianza frente a estas ideas modernas, hay falta de fe en todo lo que ha sido construido ayer y hoy; hay quizá, mezclado con lo anterior, un ligero disgusto y sarcasmo, que ya no soporta el bricabrac [baratillo] de conceptos de la más diversa procedencia, que es la figura con que hoy se presenta a sí mismo en el mercado el denominado positivismo, hay una náusea propia del gusto más exigente frente a la policromía de feria y el aspecto harapiento de todos estos filo sofastros de la realidad, en los cuales no hay nada nuevo y auténtico, excepto esa policromía. En esto se debe dar razón, a mi parecer, a esos actuales escépticos anti realistas y microscopistas del conocimiento: su instinto, que los lleva a alejarse de la realidad moderna, no está refutado, ¡qué nos importan a nosotros sus retrógrados caminos tortuosos! Lo esencial en ellos no es que quieran volver «atrás»: sino que quieran alejarse. Un poco más de fuerza, de vuelo, de valor, de sentido artístico: y querrían ir más allá, ¡y no hacia atrás!

11

Me parece que la gente se esfuerza ahora en todas partes por apartar la mirada del auténtico influjo que Kant ha ejercido sobre la filosofía alemana y, en particular, por resbalar prudentemente sobre el valor que él se atribuyó a sí mismo. Kant estaba orgulloso, ante todo y en primer lugar, de su tabla de las categorías; con ella en las manos dijo: «Esto es lo más difícil que jamás pudo ser emprendido con vistas a la metafísica».

¡Entiéndase bien, sin embargo, ese «pudo ser»!, él estaba orgulloso de haber descubierto en el hombre una facultad nueva, la facultad de los juicios sintéticos a priori. Aun suponiendo que en esto se haya engañado a sí mismo: sin embargo, el desarrollo y el rápido florecimiento de la filosofía alemana dependen de ese orgullo y de la emulación surgida entre todos los más jóvenes por descubrir en lo posible algo más orgulloso todavía ¡y, en todo caso, «nuevas facultades»! Pero reflexionemos: ya es hora. ¿Cómo son posibles los juicios sintéticos a priori?, se preguntó Kant, ¿y qué respondió propiamente? Por la facultad de una facultad: mas por desgracia él no lo dijo con esas seis palabras, sino de un modo tan detallado, tan venerable, y con tal derroche de profundidad y floritura alemanas que la gente pasó por alto la divertida niaiserie allemande [bobería alemana] que en tal respuesta se esconde. La gente estaba incluso fuera de sí a causa de esa nueva facultad, y el júbilo llegó a su cumbre cuando Kant descubrió también, además, una facultad moral en el hombre· pues entonces los alemanes eran todavía morales, y no, en absoluto, «políticos realistas». Llegó la luna de miel de la filosofía alemana; todos los jóvenes teólogos del Seminario (Stift) de Tubinga salieron enseguida a registrar la maleza todos buscaban «facultades». ¡Y qué cosas se encontraron en aquella época inocente, rica, todavía juvenil del espíritu alemán, en la cual el romanticismo, hada maligna, tocaba su música, entonaba sus cantos, en aquella época en la que aún no se sabía mantener separados el «encontrar» y el «inventar»! Sobre todo, una facultad para lo «suprasensible»: Schelling la bautizó con el nombre de intuición intelectual y con ello satisfizo los deseos más íntimos de sus alemanes, llenos en el fondo de anhelos piadosos. A todo este petulante y entusiasta movimiento, que era juventud, por muy audazmente que se disfrazase con conceptos grisáceos y seniles, la mayor injusticia que se le puede hacer es tomarlo en serio, y, no digamos, el tratarlo acaso con indignación moral; en suma, la gente se hizo más vieja, el sueño se disipó. Vino una época en que todo el mundo se restregaba la frente: todavía hoy continúa haciéndolo. Se había soñado: ante todo y en primer lugar el viejo Kant. «Por la facultad de una facultad» había dicho o al menos querido decir él. Pero ¿es esto una respuesta? ¿Una aclaración? ¿O no es más bien tan sólo una repetición de la pregunta? ¿Cómo hace dormir el opio? «Por la facultad de una facultad», a saber, por su virtus dormitiva [fuerza dormitiva] responde aquel médico en Moliere, quia est in eo virtus dormitiva cujus est natura sensus assoupire [porque hay en ello una fuerza dormitiva cuya naturaleza consiste en adormecer los sentidos]. Pero tales respuestas tienen su lugar en la comedia, y por fin ya es hora de sustituir la pregunta kantiana «¿cómo son posibles los juicios sintéticos a priori?» por una pregunta distinta: «¿por qué es necesaria la creencia en tales juicios?» es decir, ya es hora de comprender que, para la finalidad de conservar seres de nuestra especie, hay que creer que tales juicios son verdaderos; ¡por lo cual, naturalmente, podrían ser incluso juicios falsos! O, dicho de modo más claro, y más rudo, y más radical: los juicios sintéticos a priori no deberían «ser posibles» en absoluto: nosotros no tenemos ningún derecho a ellos, en nuestra boca son nada más que juicios falsos. Sólo que, de todos modos, la creencia en su verdad es necesaria, como una creencia superficial y una apariencia visible pertenecientes a la óptica perspectivista de la vida. Para volver a referirnos por última vez a la gigantesca influencia que «la filosofía alemana» ¿se comprende, como espero, su derecho a las comillas? ha tenido en toda Europa, no se dude de que ha intervenido aquí una cierta virtus dormitiva [fuerza dormitiva]: los ociosos nobles, los virtuosos, los místicos, los artistas, los cristianos en sus tres cuartas partes y los oscurantistas políticos de todas las naciones estaban encantados de poseer, gracias a la filosofía alemana, un antídoto contra el todavía prepotente sensualismo que desde el siglo pasado se desbordaba sobre éste, en suma sensus assoupire [adormecerlos sentidos]...

12

En lo que se refiere al atomismo materialista: es una de las cosas mejor refutadas que existen; y acaso no haya ya hoy en Europa entre los doctos nadie tan indocto que continúe atribuyéndole una significación seria, excepto para el uso manual y doméstico (es decir, como una abreviación de los medios expresivos) gracias sobre todo a aquel polaco Boscovich, que, junto con el polaco Copérnico, ha sido hasta hoy el adversario más grande y victorioso de la apariencia visible. Pues mientras que Copérnico nos ha persuadido a creer, contra todos los sentidos, que la tierra no está fija, Boscovich nos enseñó a abjurar de la creencia en la última cosa de la tierra que «estaba fija», la creencia en lo «corporal», en la «materia», en el átomo, ese último residuo y partícula terrestre: fue éste el triunfo más grande sobre los sentidos alcanzado hasta ahora en la tierra. Pero hay que ir más allá todavía, y declarar la guerra, una despiadada guerra a cuchillo, también a la «necesidad atomista», la cual continúa sobreviviendo de manera peligrosa en terrenos donde nadie la barrunta, análogamente a como sobrevive aquella «necesidad metafísica», aún más famosa: en primer término hay que acabar también con aquel otro y más funesto atomismo, que es el que mejor y más prolongadamente ha enseñado el cristianismo, el atomismo psíquico. Permítaseme designar con esta expresión aquella creencia que concibe el alma como algo indestructible, eterno, indivisible, como una mónada, como un átomo: lesa creencia debemos expulsarla de la ciencia. Dicho entre nosotros, no es necesario en modo alguno desembarazarse por esto de «el alma» misma y renunciar a una de las hipótesis más antiguas y venerables: cosa que suele ocurrirle a la inhabilidad de los naturalistas, los cuales, apenas tocan «el alma», la pierden. Pero está abierto el camino que lleva a nuevas formulaciones y refinamientos de la hipótesis del alma: y conceptos tales como «alma mortal» y «alma como pluralidad del sujeto» y «alma como estructura social (Gesellschaftsbau) de los instintos y afectos» desean tener, de ahora en adelante, derecho de ciudadanía en la ciencia. El nuevo psicólogo, al poner fin a la superstición que hasta ahora proliferaba con una frondosidad casi tropical en torno a la noción de alma, se ha desterrado a sí mismo, desde luego, por así decirlo, a un nuevo desierto y a una nueva desconfianza es posible que los psicólogos antiguos viviesen de modo más cómodo y divertido: pero en definitiva aquél se sabe condenado, cabalmente por esto, también a inventar y, ¿quién sabe?, acaso a encontrar.

13

Los fisiólogos deberían pensárselo bien antes de afirmar que el instinto de auto conservación es el instinto cardinal de un ser orgánico. Algo vivo quiere, antes que nada, dar libre curso a su fuerza la vida misma es voluntad de poder: la auto conservación es tan sólo una de las consecuencias indirectas y más frecuentes de esto. En suma, aquí, como en todas partes, ¡cuidado con los principios teleológicos superfluos! como ese del instinto de auto conservación (lo debemos a la inconsecuencia de Spinoza). Así lo ordena, en efecto, el método, el cual tiene que ser esencialmente economía de principios.

14

Acaso sean cinco o seis las cabezas en las cuales va abriéndose paso ahora la idea de que también la física no es más que una interpretación y un amaño del mundo (¡según nosotros!, dicho sea con permiso), y no una explicación del mundo: pero en la medida en que la física se apoya sobre la fe en los sentidos se la considera como algo más, y durante largo tiempo todavía tendrá que ser considerada como algo más, a saber, como explicación. Tiene a su favor los ojos y los dedos, tiene a su favor la apariencia visible y la palpable: esto ejerce un influjo fascinante, persuasivo, convincente sobre una época cuyo gusto básico es plebeyo, semejante época se guía instintivamente, en efecto, por el canon de verdad del sensualismo eternamente popular. ¿Qué es claro, qué está «aclarado»? Sólo aquello que se deja ver y tocar, hasta ese punto hay que llevar cualquier problema. A la inversa: justo en su oposición a la evidencia de los sentidos residía el en canto del modo platónico de pensar, que era un modo aristocrático de pensar, acaso entre hombres que disfrutaban incluso de sentidos más fuertes y más exigentes que los que poseen nuestros contemporáneos, pero que sabían encontrar un triunfo más alto en permanecer dueños de esos sentidos: y esto, por medio de pálidas, frías, grises redes conceptuales que ellos lanzaban sobre el multicolor torbellino de los sentidos la plebe de los sentidos, como decía Platón. En esta victoria sobre el mundo y en esta interpretación del mundo a la manera de Platón había una especie de goce distinto del que nos ofrecen los físicos de hoy, y asimismo los darwinistas y antiteólogos entre los trabajadores de la fisiología, con su principio de la «fuerza mínima» y de la estupidez máxima. «Allí donde el hombre no tiene ya nada que ver y agarrar, tampoco tiene nada que buscar» éste es, desde luego, un imperativo distinto del platónico, un imperativo que, sin embargo, acaso sea cabalmente el apropiado para una estirpe ruda y trabajadora de maquinistas y de constructores de puentes del futuro, los cuales no tienen que realizar más que trabajos groseros.

15

Para cultivar la fisiología con buena conciencia hay que sostener que los órganos de los sentidos no son fenómenos en el sentido de la filosofía idealista: ¡en cuanto tales no podrían ser, en efecto, causas! Por lo tanto, hay que aceptar el sensualismo, al menos como hipótesis regulativa, por no decir como principio heurístico. ¿Cómo?, ¿y otros llegan a decir que el mundo exterior sería obra de nuestros órganos? ¡Pero entonces nuestro cuerpo, puesto que es un fragmento de ese mundo exterior, sería obra de nuestros órganos! ¡Pero entonces nuestros órganos mismos serían obra de nuestros órganos! Ésta es, a mi parecer, una reductio ad absurdum [reducción al absurdo] radical: suponiendo que el concepto de causa su [causa de sí mismo] sea algo radicalmente absurdo. ¿En consecuencia el mundo externo no es obra de nuestros órganos?

16

Sigue habiendo cándidos observadores de sí mismos que creen que existen «certezas inmediatas», por ejemplo «yo pienso», o, y ésta fue la superstición de Schopenhauer, «yo quiero»: como si aquí, por así decirlo, el conocer lograse captar su objeto de manera pura y desnuda, en cuanto «cosa en sí», y ni por parte del sujeto ni por parte del objeto tuviese lugar ningún falseamiento. Pero que «certeza inmediata» y también «conocimiento absoluto» y «cosa en sí» encierran una contradictio in adjecto [contradicción en el adjetivo], eso yo lo repetiré cien veces: ¡deberíamos liberarnos por fin de la seducción de las palabras! Aunque el pueblo crea que conocer es un conocer hasta el final, el filósofo tiene que decirse: «cuando yo analizo el proceso expresado en la proposición 'yo pienso' obtengo una serie de aseveraciones temerarias cuya fundamentación resulta difícil, y tal vez imposible, por ejemplo, que yo soy quien piensa, que tiene que existir en absoluto algo que piensa, que pensar es una actividad y el efecto causado por un ser que es pensado como causa, que existe un 'yo' y, finalmente, que está establecido qué es lo que hay que designar con la palabra pensar, que yo sé qué es pensar. Pues si yo no hubiera tomado ya dentro de mí una decisión sobre esto, ¿de acuerdo con qué apreciaría yo que lo que acaba de ocurrir no es tal vez 'querer' o 'sentir'? En suma, ese 'yo pienso' presupone que yo compare mi estado actual con otros estados que ya conozco en mí, para de ese modo establecer lo que tal estado es: en razón de ese recurso a un 'saber' diferente tal estado no tiene para mí en todo caso una 'certeza' inmediata.» En lugar de aquella «certeza inmediata» en la que, dado el caso, puede creer el pueblo, el filósofo encuentra así entre sus manos una serie de cuestiones de metafísica, auténticas cuestiones de conciencia del intelecto, que dicen así: «¿De dónde saco yo el concepto pensar? ¿Por qué creo en la causa y en el efecto? ¿Qué me da a mí derecho a hablar de un yo, e incluso de un yo como causa, y, en fin, incluso de un yo causa de pensamientos?» El que, invocando una especie de intuición del conocimiento, se atreve a responder enseguida a esas cuestiones metafísicas, como hace quien dice: «yo pienso, y yo sé que al menos esto es verdadero, real, cierto» ése encontrará preparados hoy en un filósofo una sonrisa y dos signos de interrogación. «Señor mío», le dará tal vez a entender el filósofo, «es inverosímil que usted no se equivoque: mas ¿por qué también la verdad a toda costa?»

17

En lo que respecta a la superstición de los lógicos: yo no me cansaré de subrayar una y otra vez un hecho pequeño y exiguo, que esos supersticiosos confiesan de mala gana, a saber: que un pensamiento viene cuando «él» quiere, y no cuando «yo» quiero; de modo que es un falseamiento de los hechos decir: el sujeto «yo» es la condición del predicado «pienso». Ello piensa: pero que ese «ello» sea precisamente aquel antiguo y famoso «yo», eso es, hablando de modo suave, nada más que una hipótesis, una aseveración, y, sobre todo, no es una «certeza inmediata». En definitiva, decir «ello piensa» es ya decir demasiado: ya ese «ello» contiene una interpretación del proceso y no forma parte de él. Se razona aquí según el hábito gramatical que dice «pensar es una actividad, de toda actividad forma parte alguien que actúe, en consecuencia».

Más o menos de acuerdo con idéntico esquema buscaba el viejo atomismo, además de la «fuerza» que actúa, aquel pedacito de materia en que la fuerza reside, desde la que actúa, el átomo; cabezas más rigurosas acabaron aprendiendo a pasarse sin ese «residuo terrestre», y acaso algún día se habituará la gente, también los lógicos, a pasarse sin aquel pequeño «ello» (a que ha quedado reducido, al volatilizarse, el honesto y viejo yo).

18

No es ciertamente el atractivo menor de una teoría el que resulte refutable: justo por ello atrae a las cabezas más sutiles. Parece que la cien veces refutada teoría de la «voluntad libre» debe su perduración tan sólo a ese atractivo: una y otra vez llega alguien y se siente lo bastante fuerte para refutarla.

19

Los filósofos suelen hablar de la voluntad como si ésta fuera la cosa más conocida del mundo; y Schopen-hauer dio a entender que la voluntad era la única cosa que nos era propiamente conocida, conocida del todo y por entero, conocida sin sustracción ni añadidura. Pero a mí continúa pareciéndome que, también en este caso, Schopenhauer no hizo más que lo que suelen hacer justo los filósofos: tomó un prejuicio popular y lo exageró. A mí la volición me parece ante todo algo complicado, algo que sólo como palabra forma una unidad, y justo en la unidad verbal se esconde el prejuicio popular que se ha adueñado de la siempre exigua cautela de los filósofos. Seamos, pues, más cautos, seamos «afilosóficos», digamos: en toda volición hay, en primer término, una pluralidad de sentimientos, a saber, el sentimiento del estado de que nos alejamos, el sentimiento del estado a que tendemos, el sentimiento de esos mismos «alejarse» y «tender», y, además, un sentimiento muscular concomitante que, por una especie de hábito, entra en juego tan pronto como «realizamos una volición», aunque no pongamos en movimiento «brazos y piernas». Y así como hemos de admitir que el sentir, y desde luego un sentir múltiple, es un ingrediente de la voluntad, así debemos admitir también, en segundo término, el pensar: en todo acto de voluntad hay un pensamiento que manda; ¡y no se crea que es posible separar ese pensamiento de la «volición», como si entonces ya sólo quedase voluntad! En tercer término, la voluntad no es sólo un complejo de sentir y pensar, sino sobre todo, además, un afecto: y, desde luego, el mencionado afecto del mando. Lo que se llama «libertad de la voluntad» es esencial mente el afecto de superioridad con respecto a quien tiene que obedecer: «yo soy libre, ' él' tiene que obedecer» en toda voluntad se esconde esa consciencia, y asimismo aquella tensión de la atención, aquella mirada derecha que se fija exclusivamente en una sola cosa, aquella valoración incondicional «ahora se necesita esto y no otra cosa», aquella interna certidumbre de que se nos obedecerá, y todo lo demás que forma parte del estado propio del que manda. Un hombre que realiza una volición es alguien que da una orden a algo que hay en él, lo cual obedece, o él cree que obedece. Pero obsérvese ahora lo más asombroso en la voluntad, esa cosa tan compleja para designar la cual no tiene el pueblo más que una sola palabra: en la medida en que, en un caso dado, nosotros somos a la vez los que mandan y los que obedecen, y, además, conocemos, en cuanto somos los que obedecen, los sentimientos de coaccionar, urgir, oprimir, resistir, mover, los cuales suelen comenzar inmediatamente después del acto de la voluntad; en la medida en que, por otro lado, nosotros tenemos el hábito de pasar por alto, de olvidar engañosamente esa dualidad, gracias al concepto sintético «yo», ocurre que de la volición se ha enganchado, además, toda una cadena de conclusiones erróneas y, por lo tanto, de valoraciones falsas de la voluntad misma, de modo que el volente cree de buena fe que la volición basta para la acción. Dado que en la mayoría de los casos hemos realizado una volición únicamente cuando resultaba lícito aguardar también el efecto del mandato, es decir, la obediencia, es decir, la acción, ocurre que la apariencia se ha traducido en el sentimiento de que existe una necesidad del efecto; en suma, el volente cree, con un elevado grado de seguridad, que voluntad y acción son de algún modo una sola cosa , atribuye el buen resultado, la ejecución de la volición, a la voluntad misma, y con ello disfruta de un aumento de aquel sentimiento de poder que todo buen resultado lleva consigo. «Libertad de la voluntad» ésta es la expresión para designar aquel complejo estado placentero del volente, el cual manda y al mismo tiempo se identifica con el ejecutor, y disfruta también en cuanto tal el triunfo sobre las resistencias, pero dentro de sí mismo juzga que es su voluntad la que propiamente vence las resistencias. A su sentimiento placentero de ser el que manda añade así el volente los sentimientos placenteros de los instrumentos que ejecutan, que tienen éxito, de las serviciales «subvoluntades» o subalmas nuestro cuerpo, en efecto, no es más que una estructura social de muchas almas . L'effet c'est moi [el efecto soy yo]: ocurre aquí lo que ocurre en toda colectividad bien estructurada y feliz, a saber: que la clase gobernante se identifica con los éxitos de la colectividad. Toda volición consiste sencillamente en mandar y obedecer, sobre la base, como hemos dicho, de una estructura social de muchas «almas»: por ello un filósofo debería arrogarse el derecho de considerar la volición en sí desde el ángulo de la moral: entendida la moral, desde luego, como doctrina de las relaciones de dominio en que surge el fenómeno «vida».

20

Que los diversos conceptos filosóficos no son algo arbitrario, algo que se desarrolle de por sí, sino que crecen en relación y parentesco mutuos, que, aunque en apariencia se presenten de manera súbita y caprichosa en la historia del pensar, forman parte, sin embargo, de un sistema, como lo forman todos los miembros de la fauna de una parte de la tierra: esto es algo que, en definitiva, se delata en la seguridad con que los filósofos más distintos rellenan una y otra vez cierto esquema básico de filosofías posibles. Sometidos a un hechizo invisible, vuelven a recorrer una vez más la misma órbita: por muy independientes que se sientan los unos de los otros con su voluntad crítica o sistemática: algo existente en ellos los guía, algo los empuja a sucederse en determinado orden, precisamente aquel innato sistematismo y parentesco de los conceptos. El pensar de los filósofos no es, de hecho, tanto un descubrir cuanto un reconocer, un recordar de nuevo, un volver atrás y un repatriarse a aquella lejana, antiquísima economía global del alma de la cual habían brotado en otro tiempo aquellos conceptos: filosofar es, en este aspecto, una especie de atavismo del más alto rango. El asombroso parecido de familia de todo filosofar indio, griego, alemán, se explica con bastante sencillez. Justo allí donde existe un parentesco lingüístico resulta imposible en absoluto evitar que, en virtud de la común filosofía de la gramática quiero decir, en virtud del dominio y la dirección inconscientes ejercidos por funciones gramaticales idénticas, todo se halle predispuesto de antemano para un desarrollo y sucesión homogéneos de los sistemas filosóficos: lo mismo que parece estar cerrado el camino para ciertas posibilidades distintas de interpretación del mundo. Los filósofos del área lingüística uraloaltaica (en la cual el concepto de sujeto es el peor desarrollado) mirarán con gran probabilidad «el mundo» de manera diferente que los indogermanos o musulmanes, y los encontraremos en sendas distintas a las de éstos: el hechizo de determinadas funciones gramaticales es, en definitiva, el hechizo de juicios de valor fisiológicos y de condiciones raciales. Todo esto, para refutar la superficialidad de Locke en lo referente a la procedencia de las ideas.

21

La causa sui [causa de sí mismo] es la mejor auto contradicción excogitada hasta ahora, una especie de violación y acto contra natura lógicos: pero el desenfrenado orgullo del hombre le ha llevado a enredarse de manera profunda y horrible justo en ese sinsentido. La aspiración a la «libertad de la voluntad», entendida en aquel sentido metafísico y superlativo que por desgracia continúa dominando en las cabezas de los semi-instruidos, la aspiración a cargar uno mismo con la responsabilidad total y última de sus acciones, y a des cargar de ella a Dios, al mundo, a los antepasados, al azar, a la sociedad, equivale, en efecto, nada menos que a ser precisamente aquella causa suị [causa de sí mismo] y a sacarse a sí mismo de la ciénaga de la nada y a salir a la existencia a base de tirarse de los cabellos, con una temeridad aún mayor que la de Münchhausen. Suponiendo que alguien llegue así a darse cuenta de la rústica simpleza de ese famoso concepto de la «voluntad libre» y se lo borre de la cabeza, yo le ruego entonces que dé un paso más en su «ilustración» y se borre también de la cabeza lo contrario de aquel monstruoso concepto de la «voluntad libre»: me refiero a la «voluntad no libre», que aboca a un uso erróneo de causa y efecto. No debemos cosificar equivocadamente «causa» y «efecto», como hacen los investigadores de la naturaleza (y quien, como ellos, naturaliza hoy en el pensar) en conformidad con el dominante cretinismo mecanicista, el cual deja que la causa presione y empuje hasta que «produce el efecto»; debemos servirnos precisamente de la «causa», del «efecto» nada más que como de conceptos puros, es decir, ficciones convencionales, con fines de designación, de entendimiento, pero no de explicación. En lo «en sí» no hay «lazos causales», ni «necesidad», ni «nolibertad psicológica», allí no sigue «el efecto a la causa», allí no gobierna «ley» ninguna.

Nosotros somos los únicos que hemos inventado las causas, la sucesión, la reciprocidad, la relatividad, la coacción, el número, la ley, la libertad, el motivo, la finalidad; y siempre que a este mundo de signos lo introducimos ficticiamente y lo entremezclamos, como si fuera un «en sí», en las cosas, continuamos actuando de igual manera que hemos actuado siempre, a saber, de manera mitológica. La «voluntad no libre» es mitología: en la vida real no hay más que voluntad fuerte y voluntad débil. Constituye casi siempre ya un síntoma de lo que a un pensador le falta el hecho de que, en toda «conexión causal» y en toda «necesidad psicológica», tenga el sentimiento de algo de coacción, de necesidad, de sucesión obligada, de presión, de falta de libertad: el tener precisamente ese sentimiento resulta delator, la persona se delata a sí misma. Y en general, si mis observaciones son correctas, la «no libertad de la voluntad» se concibe como problema desde dos lados completamente opuestos, pero siempre de una manera hondamente personal: los unos no quieren renunciar a ningún precio a su «responsabilidad», a la fe en sí mismos, al derecho personal a su mérito (las razas vanidosas se encuentran en este lado); los otros, a la inversa, no quieren salir responsables de nada, tener culpa de nada, y aspiran, desde un auto desprecio íntimo, a poder echar su carga sobre cualquier cosa. Estos últimos, cuando escriben libros, suelen asumir hoy la defensa de los criminales; una especie de compasión socialista es su disfraz más agradable. Y de hecho el fatalismo de los débiles de voluntad se embellece de modo sorprendente cuando sabe presentarse a sí mismo como la religion de la souf france humaine [la religión del sufrimiento humano]: ése es su «buen gusto».

22

Perdóneseme el que yo, como viejo filólogo que no puede dejar su malicia, señale con el dedo las malas artes de interpretación: pero es que esa «regularidad de la naturaleza» de que vosotros los físicos habláis con tanto orgullo, como si no existe más que gracias a vuestra interpretación y a vuestra mala «filología», ¡ella no es un hecho, no es un «texto», antes bien es tan sólo un amaño y una distorsión ingenuamente humanitarios del sentido, con los que complacéis bastante a los instintos democráticos del alma moderna! «En todas partes, igualdad ante la ley, la naturaleza no se encuentra en este punto en condiciones distintas ni mejores que nosotros»: graciosa reticencia con la cual se enmascara una vez más la hostilidad de los hombres de la plebe contra todo lo privilegiado y soberano, y asimismo un segundo y más sutil ateísmo. Ni dieu, ni maitre [ni Dios, ni amo] también vosotros queréis eso; y por ello «¡viva la ley natural!» ¿O no es verdad? Pero, como hemos dicho, esto es interpretación, no texto; y podría venir alguien que con una intención y un arte interpretativo antitéticos supiese sacar de la lectura de esa misma naturaleza, y en relación a los mismos fenómenos, cabalmente el triunfo tiránico, despiadado e inexorable de pretensiones de poder, un intérprete que os pusiese de tal modo ante los ojos la universalidad e incondicionalidad vigentes en toda «voluntad de poder», que casi toda palabra, hasta la propia palabra «tiranía», acabase pareciendo inutilizable o una metáfora debilitante y suavizadora algo demasiado humano ; y que, sin embargo, afirmase acerca de este mundo, en fin de cuentas, lo mismo que vosotros afirmáis, a saber, que tiene un curso «necesario» y «calculable», pero no porque en él dominen leyes, sino porque faltan absolutamente las leyes, y todo poder saca en cada instante su última consecuencia. Suponiendo que también esto sea nada más que interpretación ¿y no os apresuraréis vosotros a hacer esa objeción? bien, tanto mejor.

23

La psicología entera ha estado pendiendo hasta ahora de prejuicios y temores morales: no ha osado descender a la profundidad. Concebirla como morfología y corno teoría de la evolución de la voluntad del poder, tal como yo la concibo eso es algo que nadie ha rozado siquiera en sus pensamientos: en la medida, en efecto, en que está permitido reconocer en lo que hasta ahora se ha escrito un síntoma de lo que hasta ahora se ha callado. La fuerza de los prejuicios morales ha penetrado a fondo en el mundo más espiritual, en un mundo aparentemente más frío y más libre de presupuestos y, como ya se entiende, ha tenido efectos nocivos, paralizantes, ofuscadores, distorsivos. Una fisiopsicología auténtica se ve obligada a luchar con resistencias inconscientes que habitan en el corazón del investigador, ella tiene contra sí «el corazón»: ya una doctrina que hable del condicionamiento recíproco de los instintos «buenos» y los «malos» causa, cual si fuera una inmoralidad más sutil, pena y disgusto a una conciencia todavía fuerte y animosa, y más todavía causa pena y disgusto una doctrina que hable de la derivabilidad de todos los instintos buenos de los instintos perversos. Pero suponiendo que alguien considere que incluso los afectos odio, envidia, avaricia, ansia de dominio son afectos condicionantes de la vida, algo que tiene que estar presente, por principio y de un modo fundamental y esencial, en la economía global de la vida, y que en consecuencia tiene que ser acrecentado en el caso de que la vida deba ser acrecentada, ese alguien padecerá semejante orientación de su juicio como un mareo. Sin embargo, tampoco esta hipótesis es, ni de lejos, la más penosa y extraña que cabe hacer en este reino enorme, casi nuevo todavía, de conocimientos peligrosos: ¡y de hecho hay cien buenos motivos para que de él permanezca alejado todo el que pueda!

Por otro lado: una vez que nuestro barco ha desviado su rumbo hasta aquí, ¡bien!, ¡adelante!, ¡ahora apretad bien los dientes!, ¡abrid los ojos!, ¡firme la mano en el timón! estamos dejando atrás, navegando derechamente sobre ella, sobre la moral, con ello tal vez aplastemos, machaquemos nuestro propio residuo de moralidad, mientras hacemos y osamos hacer nuestro viaje hacia allá, ¡pero qué importamos nosotros! Nunca antes se ha abierto un mundo más profundo de conocimiento a viajeros y aventureros temerarios: y al psicólogo que de este modo «realiza sacrificios» no es el sacrifizio delf intelletto [sacrificio del entendimiento], ¡al contrario!, le será lícito aspirar al menos a que la psicología vuelva a ser reconocida como señora de las ciencias, para cuyo servicio y preparación existen todas las otras ciencias. Pues a partir de ahora vuelve a ser la psicología el camino que conduce a los problemas fundamentales.

SECCIÓN SEGUNDA
EL ESPÍRITU LIBRE

24

O sancta simplicitas! [¡Oh santa simplicidad!] ¡Dentro de qué simplificación y falseamiento tan extraños vive el hombre! ¡Imposible resulta dejar de maravillarse una vez que hemos acomodado nuestros ojos para ver tal prodigio! ¡Cómo hemos vuelto luminoso y libre y fácil y simple todo lo que nos rodea!, ¡cómo hemos sabido dar a nuestros sentidos un pase libre para todo lo superficial, y a nuestro pensar, un divino deseo de saltos y paralogismos traviesos!, ¡cómo hemos sabido desde el principio mantener nuestra ignorancia, a fin de disfrutar una libertad, una despreocupación, una imprevisión, una intrepidez, una jovialidad apenas comprensibles de la vida, a fin de disfrutar la vida! A la ciencia, hasta ahora, le ha sido lícito levantarse únicamente sobre este fundamento de ignorancia, que ahora ya es firme y granítico; a la voluntad de saber sólo le ha sido lícito levantarse sobre el fundamento de una voluntad mucho más fuerte, ¡la voluntad de no saber, de incertidumbre, de no verdad! No como su antítesis, sino ¡como su refinamiento! Aunque el lenguaje, aquí como en otras partes, sea incapaz de ir más allá de su propia torpeza y continúe hablando de antítesis allí donde únicamente existen grados y una compleja sutileza de gradaciones; aunque, asimismo, la inveterada tartufería de la moral, que ahora forma parte, de modo insuperable, de nuestra «carne y sangre», distorsione las palabras en la boca de nosotros mismos los que sabemos: sin embargo, acá y allá nos damos cuenta y nos reímos del hecho de que la mejor ciencia sea precisamente la que más quiere re tenernos dentro de este mundo simplificado, completamente artificial, fingido, falseado, porque ella ama, queriéndolo sin quererlo, el error, porque ella, la viviente, ¡ama la vida!

25

Después de tan jovial preámbulo no quisiera que no se oyese una palabra seria: se dirige a los más serios.

¡Tened cuidado, vosotros los filósofos y amigos del conocimiento, y guardaos del martirio! ¡De sufrir «por amor a la verdad»! ¡Incluso de defenderos a vosotros mismos! Corrompe toda la inocencia y toda la sutil neutralidad de vuestra conciencia, os vuelve testarudos en enfrentaros a objeciones y trapos rojos, os entontece, os animaliza, os convierte en toros el hecho de que vosotros, al luchar con el peligro, la difamación, la sospecha, la repulsa y otras consecuencias aún más toscas de la enemistad, tengáis que acabar presentándolos como defensores de la verdad en la tierra: ¡como si «la verdad» fuese una persona tan indefensa y torpe que necesitase defensores!, ¡y precisamente vosotros, caballeros de la tristísima figura, señores míos mozos de esquina y tejedores de telarañas del espíritu! ¡En última .instancia, bien sabéis que no debe importar nada el hecho de que seáis precisamente vosotros quienes tengáis razón, y asimismo sabéis que hasta ahora ningún filósofo ha tenido todavía razón, y que sin duda hay una veracidad más laudable en cada uno de los pequeños signos de interrogación que colocáis detrás de vuestras palabras favoritas y de vuestras doctrinas preferidas (y, en ocasiones, detrás de vosotros mismos), que en todos los solemnes gestos y argumentos invencibles presentados ante los acusadores y los tribunales! ¡Es preferible que os retiréis! ¡Huid a lo oculto! ¡Y tened vuestra máscara y sutileza para que os confundan con otros! ¡U os teman un poco! ¡Y no me olvidéis el jardín, el jardín con verjas de oro! Y tened a vuestro alrededor hombres que sean como un jardín, o como música sobre aguas, a la hora del atardecer, cuando ya el día se convierte en recuerdo: ¡elegid la soledad buena, la soledad libre, traviesa y ligera, la cual os otorga también derecho a continuar siendo buenos en algún sentido! ¡Qué venenosos, qué arteros, qué malos hace a los hombres toda guerra prolongada que no se puede llevar a cabo utilizando abiertamente la fuerza! ¡Qué personales hace a los hombres un temor prolongado, un tener fijos los ojos largo tiempo en enemigos, en posibles enemigos! Estos expulsados de la sociedad, estos perseguidos durante mucho tiempo, hostigados de manera perversa, también los eremitas a la fuerza, los Spinoza o los Giordano Bruno acaban siempre convirtiéndose, aunque sea bajo la mascarada más espiritual, y tal vez sin que ellos mismos lo sepan, en refinados rencorosos y envenenadores (¡exhúmese alguna vez el fundamento de la ética y de la teología de Spinoza!), para no hablar de esa majadería que es la indignación moral, la cual, en un filósofo, es el signo infalible de que ha perdido el humor filosófico. El martirio del filósofo, su «sacrificarse por la verdad», saca a luz por fuerza la parte de agitador y de comediante que se hallaba escondida dentro de él; y suponiendo que hasta ahora sólo se haya contemplado al filósofo con una curiosidad artística, puede resultar ciertamente comprensible, con respecto a más de uno de ellos, el peligroso deseo de verlo también alguna vez en su degeneración (degenerado en «mártir», en vocinglero del escenario y de la tribuna). Sólo que quien abrigue ese deseo tiene que saber con claridad qué es lo que, en todo caso, logrará ver aquí: únicamente una comedia satírica, única mente una farsa epilogal, únicamente la permanente demostración de que la tragedia prolongada y auténtica ha terminado: presuponiendo que toda filosofía naciente haya sido una tragedia prolongada.

26

Todo hombre selecto aspira instintivamente a tener un castillo y un escondite propios donde quedar redimido de la multitud, de los muchos, de la mayoría, donde tener derecho a olvidar, puesto que él es una excepción de ella, la regla «hombre»: a excepción únicamente del caso en que un instinto aún más fuerte lo empuje derechamente hacia esa regla, como hombre de conocimiento en el sentido grande y excepcional de la expresión. Quien en el trato con los hombres no aparezca revestido, según las ocasiones, con todos los cambiantes colores de la necesidad, quien no se ponga verde y gris de náusea, de fastidio, de compasión, de melancolía, de aislamiento, ése no es ciertamente un hombre de gusto superior; mas suponiendo que no cargue voluntariamente con todo ese peso y displacer, que lo esquive constantemente y, como hemos dicho, permanezca escondido, silencioso y orgulloso, en su castillo, entonces una cosa es cierta: no está hecho, no está predestinado para el conocimiento. Pues si lo estuviera, algún día tendría que decirse «¡que el diablo se llene mi buen gusto!, ¡pero la regla es más interesante que la excepción, que yo, que soy la excepción!» y se pondría en camino hacia abajo, sobre todo «hacia dentro». El estudio del hombre medio, un estudio prolongado, serio, y, para esta finalidad, mucho disfraz, mucha superación de sí mismo, mucha familiaridad, mucha mala compañía toda compañía es mala, excepto la de nuestros iguales : esto constituye una parte necesaria de la biografía de todo filósofo, tal vez la parte más desagradable, la más maloliente, la más abundante en desilusiones. Más si el filósofo tiene suerte, cual corresponde a un favorito del conocimiento, encontrará auténticos abreviadores y facilitadores de su tarea, me refiero a los llamados cínicos, es decir, a aquellos que reconocen sencillamente en sí el animal, la vulgaridad, la «regla», y, al hacerlo, tienen todavía el grado necesario de espiritualidad y prurito como para tener que hablar sobre sí y sobre sus iguales ante testigos: a veces se revuelcan incluso en libros como en su propio excremento. El cinismo es la única forma en que las almas vulgares rozan lo que es honestidad; y el hombre superior tiene que abrir los oídos siempre que tropiece con un cinismo bastante grosero y sutil, y felicitarse todas las veces que, justo delante de él, alcen su voz el bufón carente de pudor o el sátiro científico. Se dan incluso casos en que a la náusea se mezcla la fascinación: a saber, allí donde, por un capricho de la naturaleza, el genio va ligado a uno de esos machos cabríos y monos indiscretos, como ocurre con el Abbé [abate] Galiani, el hombre más profundo, más perspicaz y, tal vez, también el más sucio de su siglo era mucho más profundo que Voltaire y, en consecuencia, también bastante menos locuaz. Con mayor frecuencia ocurre, como ya se ha insinuado, que la cabeza científica está asentada sobre un cuerpo de mono, y un sutil entendimiento de excepción, sobre un alma vulgar, entre médicos y fisiólogos de la moral sobre todo, un caso nada raro. Y allí donde sin amar gura, sino más bien despreocupadamente, hable alguien del hombre como de un vientre con dos necesidades y una cabeza con una sola; en todos los sitios donde alguien no vea, busque ni quiera ver nunca más que hambre, apetito sexual y vanidad, como si éstos fuesen los auténticos y únicos resortes de las acciones humanas; en suma, allí donde se hable «mal» (schlecht) y no sólo «perversamente» (schlimm) del hombre , el amante del conocimiento debe escuchar sutil y diligentemente, debe tener sus oídos en todos aquellos lugares en que se hable sin indignación. Pues el hombre indignado, y todo aquel que con sus propios dientes se despedaza y desgarra a sí mismo (o, en sustitución de sí mismo, al mundo, o a Dios, o a la sociedad), ése quizá sea superior, según el cálculo de la moral, al sátiro reidor y autosatisfecho, pero en todos los demás sentidos es el caso más habitual, más indiferente, menos instructivo. Y nadie miente tanto como el indignado.

27

Es difícil ser comprendido: en especial si uno piensa y vive gangasrotogati [al ritmo del Ganges] entre hombres que piensan y viven de otro modo, a saber, kurmagati [al ritmo de la tortuga] o, en el mejor de los casos, mandeikagati, «según el modo de caminar de la rana» ¿acabo de hacer todo lo posible para que resulte difícil comprenderme también a mí?, y debemos estar cordialmente reconocidos por la buena voluntad de poner cierta sutileza en la interpretación. Más en lo que se refiere a «los buenos amigos», los cuales son siempre demasiado cómodos y creen tener, justamente por ser amigos, derecho a la comodidad: hacemos bien en concederles de antemano un espacio libre y una palestra de incomprensión: así tenemos algo más de qué reír; o en eliminarlos del todo, a esos buenos amigos, ¡y también reír!

28

Lo que peor se deja traducir de una lengua a otra es el tempo [ritmo] de su estilo: el cual tiene su fundamento en el carácter de la raza, o, hablando fisiológicamente, en el tempo medio de su «metabolismo». Hay traducciones hechas honestamente que casi son falsificaciones, pues constituyen vulgarizamientos involuntarios del original, y ello simplemente porque no se supo traducir el tempo valiente y alegre de éste, el tempo que salta por encima de todo lo que de peligroso hay en cosas y palabras y ayuda a dejarlo de lado. El alemán es casi incapaz de usar el presto [rápido] en su lengua: por lo tanto, es lícito inferir legítimamente, también es incapaz de muchas de las más divertidas y temerarias nuances [matices] del pensamiento libre, propio de espíritus libres. Así como el buffo [bufón] y el sátiro son ajenos a su cuerpo y a su conciencia, así Aristófanes y Petronio le resultan intraducibles. Todo lo serio, pesado, solemnemente torpe, todos los géneros fastidiosos y aburridos del estilo están desarrollados entre los alemanes con abundantísima multiformidad, perdóneseme que diga, pues es un hecho, que ni siquiera la prosa de Goethe, con su mezcolanza de tiesura y gracia, constituye una excepción, ya que es reflejo de los «buenos tiempos antiguos», de los cuales forma parte, y expresión del gusto alemán en la época en que todavía existía un «gusto alemán»: el cual era un gusto rococó in moribus et artibus [en las costumbres y en las artes]. Lessing es una excepción, gracias a su naturaleza de comediante, que entendía muchas cosas y era entendido en multitud de ellas: él, que no en vano fue el traductor de Bayle y que gustaba de refugiarse en la cercanía de Diderot y Voltaire y, aún más, entre los autores de la comedia romana: también en el tempo [ritmo] amaba Lessing el librepensamiento, la huida de Alemania. Mas cómo sería capaz la lengua alemana de imitar, ni siquiera en la prosa de un Lessing, el tempo de Maquiavelo, quien en su Príncipe nos hace respirar el aire seco y fino de Florencia y no puede evitar el exponer el asunto más serio en un allegrissimo impetuoso: acaso no sin un malicioso sentimiento de artista por la antítesis que osaba llevar a cabo, los pensamientos eran largos, pesados, duros, peligrosos, y el tempo, de galope y de óptimo y traviesísimo humor. A quién, en fin, le sería lícito atreverse a realizar una traducción alemana de Petronio, el cual ha sido, más que cualquier gran músico hasta ahora, el maestro del presto, por sus invenciones, ocurrencias, palabras: ¡qué importan, a fin de cuentas, todas las ciénagas del mundo enfermo, perverso, incluso del «mundo antiguo», cuando se tiene, como él, los pies, el soplo y el aliento, la liberadora burla de un viento que pone sanas todas las cosas haciéndolas correr! Y en lo que se refiere a Aristófanes, aquel espíritu transfigurador, complementario, en razón del cual se le per dona a Grecia entera el haber existido, suponiendo que hayamos comprendido a fondo qué es todo lo que en ella precisa de perdón, de transfiguración: no sabría yo indicar cosa alguna que me haya hecho soñar más sobre el secreto de Platón y su naturaleza de esfinge que este petit fait [pequeño hecho], afortunada mente conservado: que entre las almohadas de su lecho de muerte no se encontró ninguna «biblia», nada egipcio, pitagórico, platónico, sino a Aristófanes. ¡Cómo habría soportado incluso un Platón la vida una vida griega, a la que dijo no, sin un Aristófanes!

29

Es cosa de muy pocos ser independiente: es un privilegio de los fuertes. Y quien intenta serlo sin tener necesidad, aunque tenga todo el derecho a ello, demuestra que, probablemente, es no sólo fuerte, sino temerario hasta el exceso. Se introduce en un laberinto, multiplica por mil los peligros que ya la vida comporta en sí; de éstos no es el menor el que nadie vea con sus ojos cómo y en dónde él mismo se extravía, se aísla y es despedazado trozo a trozo por un Minotauro cualquiera de las cavernas de la conciencia. Suponiendo que ese hombre perezca, esto ocurre tan lejos de la comprensión de los hombres que éstos no lo sienten ni compadecen: ¡y él no puede ya volver atrás!, ¡no puede retroceder ya tampoco a la compasión de los hombres!

30

Nuestras intelecciones supremas parecen necesariamente ¡y deben parecer! tonterías y, en determinadas circunstancias, crímenes, cuando llegan indebidamente a oídos de quienes no están hechos ni predestinados para ellas. Lo exotérico y lo esotérico, distinción ésta que se hacía antiguamente entre los filósofos, tanto entre los indios como entre los griegos, persas y musulmanes, en suma, en todos los sitios donde se creía en un orden jerárquico y no en la igualdad y en los derechos iguales, no se diferencian entre sí tanto porque el exotérico se encuentre fuera y sea desde fuera, no desde dentro, desde donde él ve, aprecia, mide y juzga las cosas: lo más esencial es que él ve las cosas de abajo arriba, ¡el esotérico, en cambio, de arriba abajo! Hay alturas del alma que hacen que, vista desde ellas, hasta la tragedia deje de producir un efecto trágico; y si se concentrase en unidad todo el dolor del mundo, quién le sería lícito atreverse a decidir si su aspecto induciría y forzaría necesariamente a la compasión y, de este modo, a una duplicación del dolor?... Lo que sirve de alimento o de tónico a una especie superior de hombres tiene que ser casi un veneno para una especie muy diferente de aquélla e inferior. Las virtudes del hombre vulgar significarían tal vez vicios y debilidades en un filósofo; sería posible que un hombre de alto linaje, sólo en el supuesto de que llegase a degenerar y sucumbir, adquiriese propiedades por razón de las cuales fuese necesario venerarlo desde ese momento como santo en el mundo inferior a que había descendido. Hay libros que tienen un valor inverso para el alma y para la salud, según que de ellos se sirvan el alma inferior, la fuerza vital inferior, o el alma superior y más poderosa: en el primer caso son libros peligrosos, corrosivos, disolventes, en el segundo, llama das de heraldo que invitan a los más valientes a mostrar su valentía. Los libros para todos son siempre libros que huelen mal: el olor de las gentes pequeñas se adhiere a ellos. En los lugares donde el pueblo come y bebe, e incluso donde rinde veneración, suele heder. No debemos entrar en iglesias si queremos respirar aire puro.

31

En nuestros años jóvenes veneramos y despreciamos careciendo aún de aquel arte de la nuance [matiz] que constituye el mejor beneficio de la vida, y, como es justo, tenemos que expiar duramente el haber asaltado de ese modo con un sí y un no a personas y a cosas. Todo está dispuesto para que el peor de todos los gustos, el gusto por lo incondicional, quede (cruelmente burlado y profanado), hasta que el hombre aprende a poner algo de arte en sus sentimientos y, aún mejor, a atreverse a ensayar lo artificial: como hacen los ver daderos artistas de la vida. La cólera y la veneración, que son cosas propias de la juventud, parecen no re posar hasta haber falseado tan a fondo las personas y las cosas que les resulte i posible desahogarse en ellas: la juventud es ya de por sí una cosa inclinada a falsear y a engañar. Más tarde, cuando el alma joven, torturada por puras desilusiones, se vuelve por fin contra sí misma con suspicacia, siendo todavía ardiente y salvaje incluso en su suspicacia y en sus remordimientos de conciencia: ¡cómo se enoja consigo misma, cómo se despedaza impacientemente a sí misma, cómo toma venganza de su prolongada auto obcecación, cual si ésta hubiera sido una ceguera voluntaria! En este período de transición nos castigamos a nosotros mismos por desconfianza contra nuestro propio sentimiento; sometemos nuestro entusiasmo al tormento de la duda, incluso sentimos la buena conciencia como un peligro, como auto disimulo y fatiga de la honestidad más sutil, por así decirlo; y, sobre todo, tomamos partido, por principio, contra «la juventud». Un decenio más tarde: y comprendemos que también todo eso ¡continuaba siendo juventud!

32

Durante el período más largo de la historia humana se lo llama la época prehistórica el valor o el no valor de una acción fueron derivados de sus consecuencias: ni la acción en sí ni tampoco su procedencia eran tomadas en consideración, sino que, de manera parecida a como todavía hoy en China un honor o un oprobio rebotan desde el hijo a sus padres, así entonces era la fuerza retroactiva del éxito o del fracaso lo que inducía a los hombres a pensar bien o mal de una acción. Denominemos a este período el período premoral de la humanidad: el imperativo «¡conócete a ti mismo!» era entonces todavía desconocido. En los últimos diez milenios, por el contrario, se ha llegado paso a paso tan lejos en algunas grandes superficies de la tierra que ya no son las consecuencias, sino la procedencia de la acción, lo que dejamos que decida sobre el valor de ésta: esto representa, en conjunto, un gran acontecimiento, un considerable refinamiento de la visión y del criterio de medida, la repercusión inconsciente del dominio de valores aristocráticos y de la fe en la «procedencia», el signo distintivo de un período al que es lícito denominar, en sentido estricto, período moral: la primera tentativa de conocerse a sí mismo queda así hecha. En lugar de las consecuencias, la procedencia: ¡qué inversión de la perspectiva! ¡Y, con toda seguridad, una inversión conquistada tras prolongadas luchas y vacilaciones! Desde luego: una funesta superstición nueva, una peculiar estrechez de la interpretación lograron justo por esto conquistar el dominio: se interpretó la procedencia de una acción, en el sentido más preciso del término, como procedencia derivada de una intención; se acordó creer que el valor de una acción reside en el valor de su intención. La intención, considerada como procedencia y prehistoria enteras de una acción: bajo este prejuicio se ha venido alabando, censurando, juzgando, también filosofan do, casi hasta nuestros días. ¿No habríamos arribado nosotros hoy a la necesidad de resolvernos a realizar, una vez más, una inversión y un desplazamiento radical de los valores, gracias a una autognosis y profundización renovadas del hombre, no nos hallaríamos nosotros en el umbral de un período que, negativamente, habría que calificar por lo pronto de extramoral hoy, cuando al menos entre nosotros los inmoralistas alienta la sospecha de que el valor decisivo de una acción reside justo en aquello que en ella es no intencionado, y de que toda su intencionalidad, todo lo que puede ser visto, sabido, conocido «consciente mente» por la acción, pertenece todavía a su superficie y a su piel, la cual, como toda piel, delata algunas cosas, pero oculta más cosas todavía? En suma, nosotros creemos que la intención es sólo un signo y un síntoma que precisan de interpretación, y, además, un signo que significa demasiadas cosas y que, en con secuencia, por sí solo no significa casi nada, creemos que la moral, en el sentido que ha tenido hasta ahora, es decir, la moral de las intenciones, ha sido un prejuicio, una precipitación, una provisionalidad acaso, una cosa de rango parecido al de la astrología y la alquimia, pero en todo caso algo que tiene que ser superado. La superación de la moral, y en cierto sentido incluso la auto superación de la moral: acaso sea éste el nombre para designar esa labor prolongada y secreta que ha quedado reservada a las más sutiles y honestas, también a las más maliciosas de las conciencias de hoy, por ser éstas vivientes piedras de toque del alma.

33

No queda remedio: es necesario exigir cuentas y someter a juicio despiadadamente a los sentimientos de abnegación, de sacrificio por el prójimo, a la entera moral de la renuncia a sí: y hacer lo mismo con la esté tica de la «contemplación desinteresada», bajo la cual un arte castrado intenta crearse hoy, de manera bastante seductora, una buena conciencia. Hay demasiado encanto y azúcar en esos sentimientos de «por los otros», de «no por mí», como para que no fuera necesario volvernos aquí doblemente desconfiados y preguntar: «¿No se trata quizá de seducciones?» El hecho de que esos sentimientos agraden a quien los tiene, y a quien saborea sus frutos, también al mero espectador, no constituye aún un argumento a favor de ellos, sino que incita cabalmente a la cautela. ¡Seamos, pues, cautos!

34

Cualquiera que sea la posición filosófica que adoptemos hoy: mirando desde cualquier lugar, la erroneidad del mundo en que creemos vivir es lo más seguro y firme de todo aquello de que nuestros ojos pueden todavía adueñarse: a favor de esto encontramos razones y más razones que querrían inducirnos a conjeturar que existe un principio engañador en la «esencia de las cosas». Mas quien hace responsable a nuestro pensar mismo, es decir, a «el espíritu», de la falsedad del mundo honorable escapatoria a que recurre todo consciente o inconsciente advocatus dei [abogado de Dios] : quien considera que este mundo, así como el espacio, el tiempo, la figura, el movimiento, son inferencias falsas: ése tendría al menos un buen motivo para aprender por fin a desconfiar de todo pensar: ¿no nos habría venido jugando el pensar hasta ahora la peor pasada de todas?, ¿y qué garantía habría de que no continuará haciendo lo que siempre ha hecho? Con toda seriedad: la inocencia de los pensadores tiene algo que resulta conmovedor y que inspira respeto, y esa inocencia les permite continuar encarándose aún hoy a la consciencia con el ruego de que les dé respuestas honestas: por ejemplo, si ella, la consciencia, es «real», y por qué en realidad está tan decidida a no saber nada del mundo exterior, y otras preguntas del mismo género. La creencia en «certezas inmediatas» es una ingenuidad moral que nos honra a nosotros los filósofos: pero ¡nosotros no debemos ser hombres «sólo morales»! ¡Prescindiendo de la moral, esa creencia es una estupidez que nos honra poco! Aunque en la vida burguesa se considere que la desconfianza siempre a punto es signo de «mal carácter» y, en consecuencia, una falta de inteligencia: aquí entre nosotros, más allá del mundo burgués, y de su sí y su no, qué nos impediría ser poco inteligentes y decir: el filósofo tiene derecho al «mal carácter», pues es el ser que hasta ahora ha sido más burlado siempre en la tierra, el filósofo tiene hoy el deber de desconfiar, de mirar maliciosamente de reojo desde todos los abismos de la sospecha. Perdóneseme la broma de esta caricatura y este giro sombríos: pues precisamente yo mismo he aprendido hace ya mucho tiempo a pensar de otro modo, a juzgar dé otro modo sobre el engañar y el ser engañado, y tengo preparados al menos un par de empellones para la ciega rabia con que los filósofos se resisten a ser engañados. ¿Por qué no? Que la verdad sea más valiosa que la apariencia, eso no es más que un prejuicio moral; es incluso la hipótesis peor de mostrada que hay en el mundo.

Confesémonos al menos una cosa: no existiría vida alguna a no ser sobre la base de apreciaciones y de apariencias perspectivistas; y si alguien, movido por la virtuosa exaltación y majadería de más de un filósofo, quisiera eliminar del todo el «mundo aparente», entonces, suponiendo que vosotros pudierais hacerlo, ¡tampoco quedaría ya nada de vuestra «verdad»! Sí, ¿qué es lo que nos fuerza a suponer que existe una antítesis esencial entre «verdadero» y «falso»? ¿No basta con suponer grados de apariencia y, por así decirlo, sombras y tonos generales, más claros y más oscuros, de la apariencia, va leurs [valores] diferentes, para decirlo en el lenguaje de los pintores? ¿Por qué el mundo que nos concierne en algo no iba a ser una ficción? Y a quien aquí pregunte: «¿es que de la ficción no forma parte un autor?», ¿no sería lícito responderle francamente: por qué? ¿Acaso ese «forma parte» no forma parte de la ficción? ¿Es que no está permitido ser ya un poco irónico con el sujeto, así corno con el predicado y el complemento? ¿No le sería lícito al filósofo elevarse por encima de la credulidad en la gramática? Todo nuestro respeto por las gobernantas: ¿mas no sería hora de que la filosofía apostatase de la fe en las gobernantas?

35

¡Oh Voltaire! ¡Oh humanitarismo! ¡Oh imbecilidad! La «verdad», la búsqueda de la verdad, son cosas difíciles; y si el hombre se comporta aquí de un modo demasiado humano il ne cherche le vrai que pour faire de bien [no busca la verdad más que para hacer el bien], ¡apuesto a que no encuentra nada!

36

Suponiendo que lo único que esté «dado» realmente sea nuestro mundo de apetitos y pasiones, suponiendo que nosotros no podamos descender o ascender a ninguna otra «realidad» más que justo a la realidad de nuestros instintos, pues pensar es tan sólo un relacionarse esos instintos entre sí: ¿no está permitido realizar el intento y hacer la pregunta de si eso dado no basta para comprender también, partiendo de lo idéntico a ello, el denominado mundo mecánico (o «material»)? Quiero decir, concebir este mundo no como una ilusión, una «apariencia», una «representación» (en el sentido de Berkeley y Schopenhauer), sino como algo dotado de idéntico grado de realidad que el poseído por nuestros afectos, como una forma más tosca del mundo de los afectos, en la cual está aún englobado en una poderosa unidad todo aquello que luego, en el proceso orgánico, se ramifica y se configura (y también, como es obvio, se atenúa y debilita), como una especie de vida instintiva en la que todas las funciones orgánicas, la autorregulación, la asimilación, la alimentación, la secreción, el metabolismo, permanecen aun sintéticamente ligadas entre sí, como una forma previa de la vida? En última instancia, no es sólo que esté permitido hacer ese intento: es que, visto desde la conciencia del método, está mandado. No aceptar varias especies de causalidad mientras no se haya llevado hasta su límite extremo (hasta el absurdo, dicho sea con permiso) el intento de bastarnos con una sola: he ahí una moral del método a la que hoy no es lícito sustraerse; es algo que se sigue «de su definición», como diría un matemático. En último término, la cuestión consiste en si nosotros reconocemos que la voluntad es realmente algo que actúa, en si nosotros creemos en la causalidad de la voluntad: si lo creemos y en el fondo la creencia en esto es cabalmente nuestra creencia en la causalidad misma, entonces tenemos que hacer el intento de considerar hipotéticamente que la causalidad de la voluntad es la única. La «voluntad», naturalmente, no puede actuar más que sobre la «voluntad» y no sobre «materias» (no sobre «nervios», por ejemplo): en suma, hay que atreverse a hacer la hipótesis de que, en todos aquellos lugares donde reconocemos que hay «efectos», una voluntad actúa sobre otra voluntad, de que todo acontecer mecánico, en la medida en que en él actúa una fuerza, es precisamente una fuerza de la voluntad, un efecto de la voluntad. Suponiendo, finalmente, que se consiguiese explicar nuestra vida instintiva entera como la ampliación y ramificación de una única forma básica de voluntad, a saber, de la voluntad de poder, como dice mi tesis ; suponiendo que fuera posible reducir todas las funciones orgánicas a esa voluntad de poder, y que se encontrase en ella también la solución del problema de la procreación y nutrición es un único problema , entonces habríamos adquirido el derecho a definir inequívocamente toda fuerza agente como: voluntad de poder. El mundo visto desde dentro, el mundo definido y designado en su «carácter inteligible», sería cabalmente «voluntad de poder» y nada más.

37

«¿Cómo? ¿No significa esto, para hablar de manera popular: está refutado Dios, pero no el diablo ?» ¡Al contrario! ¡Al contrario, amigos míos! Y, ¡qué diablos!, ¡quién os obliga a vosotros a hablar de manera popular!

38

Lo mismo que ha ocurrido todavía últimamente, a plena luz de los tiempos modernos, con la Revolución Francesa, esa farsa horrible y, vista desde cerca, superflua, dentro de la cual, sin embargo, los espectadores nobles y exaltados de toda Europa que la veían desde lejos han venido proyectando durante mucho tiempo y de manera muy apasionada la interpretación de sus propias indignaciones y entusiasmos, hasta que el texto desapareció bajo la interpretación: también podría ocurrir que una posteridad noble malentendiese alguna vez el pasado entero y acaso de ese modo hiciese tolerable por vez primera su aspecto. O más bien: ¿no ha ocurrido ya eso?, ¿no hemos sido nosotros mismos esa «posteridad noble»? ¿Y cabalmente ahora, en la medida en que nosotros nos damos cuenta de ello, no es eso ya cosa pasada?

39

Nadie tendrá fácilmente por verdadera una doctrina tan sólo porque ésta haga felices o haga virtuosos a los hombres: exceptuados, acaso, los queridos «idealistas», que se entusiasman con lo bueno, lo verdadero, lo bello, y que hacen nadar mezcladas en su estanque todas las diversas especies de multicolores, burdas y bonachonas idealidades. La felicidad y la virtud no son argumentos. Pero a la gente, también a los espíritus reflexivos, le gusta olvidar que el hecho de que algo haga infelices y haga malvados a los hombres no es tampoco un argumento en contra. Algo podría ser verdadero: aunque resultase perjudicial y peligroso en grado sumo; podría incluso ocurrir que el que nosotros perezcamos a causa de nuestro conocimiento total formarse parte de la constitución básica de la existencia, de tal modo que la fortaleza de un espíritu se mediría justamente por la cantidad de «verdad» que soportase o, dicho con más claridad, por el grado en que necesitase que la verdad quedase diluida, encubierta, edulcorada, amortiguada, falseada. Pero no cabe ninguna duda de que, para descubrir ciertas partes de la verdad, los malvados y los infelices están mejor dotados y tienen mayor probabilidad de obtener éxito; para no hablar de los malvados que son felices, especies que los moralistas pasan en silencio. Para la génesis del espíritu y filósofo fuerte, independiente, acaso la dureza y la astucia proporcionen condiciones más favorables que no aquella bonachonería suave, fina, complaciente, y aquel arte de tomar todo a la ligera, cosas ambas que la gente aprecia, y aprecia con razón, en un docto. Presuponiendo, y esto es algo previo, que no se restrinja el concepto de «filósofo» al filósofo que escribe libros ¡o que incluso lleva su filosofía a los libros! A la imagen del filósofo de espíritu libre Stendhal agrega un último rasgo que yo no quiero dejar de subrayar en razón del gusto alemán: pues ese rasgo va contra el gusto alemán. Pour être bon philosophe dice este último psicólogo grande il faut être sec, clarr, sans illusion. Un banqueer, qui a fait fortune, a une partie du caractere requis pour faire des découvertes en philosophie, c'estiádire pour voir clarr dans ce qui est [Para ser un buen filósofo hace falta ser seco, claro, sin ilusiones. Un banquero que haya hecho fortuna posee una parte del carácter requerido para hacer descubrimientos en filosofía, es decir, para ver claro en lo que es].

40

Todo lo que es profundo ama la máscara; las cosas más profundas de todas sienten incluso odio por la imagen y el símil. ¿No sería la antítesis tal vez el disfraz adecuado con que caminaría el pudor de un dios? Es ésta una pregunta digna de ser hecha: sería extraño que ningún místico se hubiera atrevido aún a hacer algo así consigo mismo. Hay acontecimientos de especie tan delicada que se obra bien al recubrirlos y volverlos irreconocibles con una grosería; hay acciones realizadas por amor y por una magnanimidad tan desbordante que después de ellas nada resulta más aconsejable que tomar un bastón y apalear de firme al testigo de vista: a fin de ofuscar su memoria. Más de uno es experto en ofuscar y maltratar a su propia memoria, para vengarse al menos de ese único enterado: el pudor es rico en invenciones. No son las cosas peores aquellas de que más nos avergonzamos: no es sólo perfidia lo que se oculta detrás de una máscara, hay mucha bondad en la astucia. Yo podría imaginarme que Un hombre que tuviera que ocultar algo precioso y frágil rodase por la vida, grueso y redondo como un verde y viejo tonel de vino, de pesados aros: así lo quiere la sutileza de su pudor. A un hombre que posea profundidad en el pudor también sus destinos, así como sus decisiones delicadas, le salen al encuentro en caminos a los cuales pocos llegan alguna vez y cuya existencia no les es lícito conocer ni a sus más próximos e íntimos: a los ojos de éstos queda oculto el peligro que corre su vida, así como también su reconquistada seguridad vital.

Semejante escondido, que por instinto emplea el hablar para callar y silenciar, y que es inagotable en escapar a la comunicación, quiere y procura que sea una máscara suya lo que circule en lugar de él por los corazones y cabezas de sus amigos; y suponiendo que no lo quiera, algún día se le abrirán los ojos y verá que, a pesar de todo, hay allí una máscara suya, y que es bueno que así sea. Todo espíritu profundo necesita una máscara: aún más, en torno a todo espíritu profundo va creciendo continuamente una máscara, gracias a la interpretación constantemente falsa, es decir, superficial, de toda palabra, de todo paso, de toda señal de vida que él da.

41

Tenemos que darnos a nosotros mismos nuestras pruebas de que estamos destinados a la independencia y al mando; y hacer esto a tiempo. No debernos eludir nuestras pruebas, a pesar de que acaso sean ellas el juego más peligroso que quepa jugar y sean, en última instancia, sólo pruebas que exhibimos ante nosotros mismos como testigos, y ante ningún otro juez. No quedar adheridos a ninguna persona: aunque sea la más amada, toda persona es una cárcel, y también un rincón. No quedar adheridos a ninguna patria: aunque sea la que más sufra y la más necesitada de ayuda, menos difícil resulta desvincular nuestro corazón de una patria victoriosa. No quedar adheridos a ninguna compasión: aunque se dirigiese a hombres superiores, en cuyo raro martirio y desamparo un azar ha hecho que fijemos nosotros la mirada. No quedar adheridos a ninguna ciencia: aunque nos atraiga hacia sí con los descubrimientos más preciosos, al parecer reservados precisamente a nosotros. No quedar adheridos a nuestro propio desasimiento, a aquella voluptuosa lejanía y extranjería del pájaro que huye cada vez más lejos hacia la altura, a fin de ver cada vez más cosas por debajo de sí: peligro del que vuela. No quedar adheridos a nuestras virtudes ni convertirnos, en cuanto totalidad, en víctima de cualquiera de nuestras singularidades, por ejemplo de nuestra «hospitalidad»: ése es el peligro de los peligros para las almas de elevado linaje y ricas, las cuales se tratan a sí mismas con prodigalidad, casi con indiferencia, y llevan tan lejos la virtud de la liberalidad que la convierten en un vicio. Hay que saber reservarse: ésta es la más fuerte prueba de independencia.

42

Un nuevo género de filósofos está apareciendo en el horizonte: yo me atrevo a bautizarlos con un nombre no exento de peligros. Tal como yo los adivino, tal como ellos se dejan adivinar pues forma parte de su naturaleza el querer seguir siendo enigmas en algún punto , esos filósofos del futuro podrían ser llamados con razón, acaso también sin razón, tentadores. Este nombre mismo es, en última instancia, sólo una tentativa y, si se quiere, una tentación.

43

¿Son, esos filósofos venideros, nuevos amigos de la «verdad»? Es bastante probable: pues todos los filósofos han amado hasta ahora sus verdades. Mas con toda seguridad no serán dogmáticos. A su orgullo, también a su gusto, tiene que repugnarles el que su verdad deba seguir siendo una verdad para cualquiera: cosa que ha constituido hasta ahora el oculto deseo y el sentido recóndito de todas las aspiraciones dogmáticas.

«Mi juicio es mi juicio: no es fácil que también otro tenga derecho a él» dice tal vez ese filósofo del fu turo. Hay que apartar de nosotros el mal gusto de querer coincidir con muchos. «Bueno» no es ya bueno cuando el veneno toma esa palabra en su boca. ¡Y cómo podría existir un «bien común»! La expresión se contradice así misma: lo que puede ser común tiene siempre poco valor. En última instancia, las cosas tienen que ser tal como son y tal como han sido siempre: las grandes cosas están reservadas a los grandes, los abismos, a los profundos, las delicadezas y estremecimientos, a los sutiles, y, en general, y dicho brevemente, todo lo raro, a los raros.

44

¿Necesito decir expresamente, después de todo esto, que esos filósofos del futuro serán también espíritus libres, muy libres, con la misma seguridad con que no serán tampoco meros espíritus libres, sino algo más, algo más elevado, más grande y más radicalmente distinto, que no quiere que se lo malentienda ni confunda con otras cosas? Pero al decir esto siento para con ellos, casi con igual fuerza con que lo siento para con nosotros, ¡nosotros que somos sus heraldos y precursores, nosotros los espíritus libres! el deber de disipar y alejar conjuntamente de nosotros un viejo y estúpido prejuicio y malentendido que, cual una niebla, ha vuelto impenetrable durante demasiado tiempo el concepto de «espíritu libre». En todos los países de Europa, y asimismo en América, hay ahora gente que abusa de ese nombre, una especie de espíritus muy estrecha, muy prisionera, muy encadenada, que quieren aproximadamente lo contrario de lo que está en nuestras intenciones e instintos, para no hablar de que, por lo que respecta a esos filósofos nuevos que están emergiendo en el horizonte, ellos tienen que ser ventanas cerradas y puertas con el cerrojo corrido. Para decirlo pronto y mal, niveladores es lo que son esos falsamente llamados «espíritus libres» como esclavos elocuentes y plumíferos que son del gusto democrático y de sus «ideas modernas»: todos ellos son hombres carentes de soledad, de soledad propia, torpes y bravos mozos a los que no se les debe negar ni valor ni costumbres respetables, sólo que son, cabalmente, gente no libre y ridículamente superficial, sobre todo en su tendencia básica a considerar que las formas de la vieja sociedad existente hasta hoy son más o menos la causa de toda miseria y fracaso humanos: ¡con lo cual la verdad viene a quedar felizmente cabeza abajo! A lo que ellos querrían aspirar con todas sus fuerzas es a la universal y verde felicidad-prado del rebaño, llena de seguridad, libre de peligro, repleta de bienestar y de facilidad de vivir para todo el mundo: sus dos canciones y doctrinas más repetidamente canturreadas se llaman «igualdad de derechos» y «compasión con todo lo que sufre» y el sufrimiento mismo es considerado por ellos como algo que hay que eliminar. Nosotros los opuestos a ellos, que hemos abierto nuestros ojos y nuestra conciencia al problema de en qué lugar y de qué modo ha venido hasta hoy la planta «hombre» creciendo de la manera más vigorosa hacia la al tura, opinamos que esto ha ocurrido siempre en condiciones opuestas, opinamos que, para que esto se realizase, la peligrosidad de su situación tuvo que aumentar antes de manera gigantesca, que su energía de invención y de simulación (su «espíritu») tuvo que desarrollarse, bajo una presión y una coacción prolonga das, hasta convertirse en algo sutil y temerario, que su voluntad de vivir tuvo que intensificarse hasta llegar a la voluntad incondicional de poder: nosotros opinamos que dureza, violencia, esclavitud, peligro en la calle y en los corazones, ocultación, estoicismo, arte de tentador y diabluras de toda especie, que todo lo malvado, terrible, tiránico, todo lo que de animal rapaz y de serpiente hay en el hombre sirve a la elevación de la especie «hombre» tanto como su contrario: y cuando decimos tan sólo eso no decimos siquiera bastante, y, en todo caso, con nuestro hablar y nuestro callar en este lugar nos encontramos en el otro extremo de toda ideología moderna y de todos los deseos gregarios: ¿siendo sus antípodas acaso? ¿Cómo puede extrañar que nosotros los «espíritus libres» no seamos precisamente los espíritus más comunicativos?, ¿que no deseemos delatar en todos los aspectos de qué es de lo que un espíritu puede liberarse y cuál es el lugar hacia el que quizá se vea empujado entonces? Y en lo que se refiere a la peligrosa fórmula «más allá del bien y del mal», con la cual evitamos al menos ser confundidos con otros: nosotros somos algo distinto de los librespenseurs, liberi pensatori, Freidenker [librepensadores], o como les guste denominarse a todos esos bravos abogados de las «ideas modernas». Hemos tenido nuestra casa, o al menos nuestra hospedería, en muchos países del espíritu; hemos escapado una y otra vez de los enmohecidos y agradables rincones en que el amor y el odio preconcebidos, la juventud, la ascendencia, el azar de hombres y libros, e incluso las fatigas de la peregrinación parecían confinarnos; estamos llenos de malicia frente a los halagos de la de pendencia que yacen escondidos en los honores, o en el dinero, o en los cargos, o en los arrebatos de los sentidos; incluso estamos agradecidos a la pobreza y a la variable enfermedad, porque siempre nos desasieron de una regla cualquiera y de su «prejuicio», agradecidos a Dios, al diablo, a la oveja y gusano que hay en nosotros, curiosos hasta el vicio, investigadores hasta la crueldad, dotados de dedos sin escrúpulos para asir lo inasible, de dientes y estómagos para digerir lo indigerible, dispuestos a todo oficio que exija perspicacia y sentidos agudos, prontos a toda osadía, gracias a una sobreabundancia de «voluntad libre», dotados de pre almas y post almas en cuyas intenciones últimas no le es fácil penetrar a nadie con su mirada, carga dos de pre razones y post razones que a ningún pie le es lícito recorrer hasta el final, ocultos bajo los mantos de la luz, conquistadores aunque parezcamos herederos y derrochadores, clasificadores y coleccionado res desde la mañana a la tarde, avaros de nuestras riquezas y de nuestros cajones completamente llenos, parcos en el aprender y olvidar, hábiles en inventar esquemas, orgullosos a veces de tablas de categorías, a veces pedantes, a veces búhos del trabajo, incluso en pleno día; y, si es preciso, incluso espantapájaros, y hoy es preciso, a saber: en la medida en que nosotros somos los amigos natos, jurados y celosos de la soledad, de nuestra propia soledad, la más honda, la más de media noche, la más de medio día: ¡esa especie de hombres somos nosotros, nosotros los espíritus libres!, ¿y tal vez también vosotros sois algo de eso, vosotros los que estáis viniendo?, ¿vosotros los nuevos filósofos?

SECCIÓN TERCERA
EL SER RELIGIOSO

45

El alma humana y sus confines, el ámbito de las experiencias humanas internas alcanzado en general hasta ahora, las alturas, profundidades y lejanías de esas experiencias, la historia entera del alma hasta este momento y sus posibilidades no apuradas aún: ése es, para un psicólogo nato y amigo de la «caza mayor», el terreno de caza predestinado. Mas con cuánta frecuencia tiene que decirse desesperado: «¡uno solo!, ¡ay, nada más que uno!, ¡y este gran bosque, esta selva virgen!» Y por ello desea tener unos centenares de monteros y sabuesos finos y doctos que poder lanzar tras la historia del alma humana y cobrar en ella su pieza. En vano: una y otra vez hace la comprobación radical y amarga de que es difícil encontrar auxiliares y perros para todas las cosas que precisamente excitan su curiosidad. El inconveniente con que se tropieza al enviar doctos a terrenos de caza nuevos y peligrosos, en los cuales se precisan valor, inteligencia, sutileza en todos los sentidos, consiste en que aquéllos dejan de ser utilizables precisamente allí donde comienza la «caza mayor», pero también el peligro mayor: cabalmente allí pierden ellos sus ojos y su hocico de sabuesos. Para adivinar y averiguar, por ejemplo, cuál es la historia que el problema de la ciencia y de la con ciencia ha tenido hasta ahora en el alma de los homines religiosi [hombres religiosos] sería necesario tal vez ser uno mismo tan profundo, estar tan herido, ser tan inmenso como lo fue y estuvo la conciencia intelectual de Pascal: y luego continuaría haciendo falta siempre aquel cielo desplegado de espiritualidad luminosa, maliciosa, capaz de dominar, ordenar, reducir a fórmulas desde arriba ese hervidero de vivencias peligrosas y dolorosas. ¡Pero quién me prestaría a mí ese servicio! ¡Y quién tendría tiempo de aguardar a tales servidores! ¡Es evidente que brotan demasiado raramente, son muy improbables en todas las épocas! En última instancia, uno tiene que hacerlo todo por sí mismo para saber algunas cosas: es decir, ¡uno tiene mucho que hacer! Pero una curiosidad como la mía (no deja de ser el más agradable de todos los vicios, ¡perdón!, he querido decir: el amor a la verdad tiene su recompensa en el cielo y ya en la tierra.

46

Esa fe que el primer cristianismo exigió y no raras veces alcanzó, en medio de un mundo de escépticos y librepensados meridionales que tenía detrás de sí y dentro de sí una lucha secular de escuelas filosóficas, a lo que hay que añadir la educación para la tolerancia que daba el Imperium Romam [Imperio Romano], esa fe no es aquella cándida y ceñuda fe de súbditos con la cual se apegaron a su Dios y a su cristianismo, por ejemplo, un Lutero o un Cromwell o cual otro nórdico bárbaro del espíritu; antes bien, era ya aquella fe de Pascal, que se parece de manera horrible a un continuo suicidio de la razón, de una razón tenaz, longeva, parecida a un gusano, que no se deja matar de una sola vez y con un solo golpe. La fe cristiana es, desde el principio, sacrificio: sacrificio de toda libertad, de todo orgullo, de toda auto certeza del espíritu; a la vez, sometimiento y escarnio de sí mismo, mutilación de sí mismo. Hay crueldad y hay fenicismo religioso en esa fe, exigida a una conciencia reblandecida, compleja y muy mimada: su presupuesto es que la sumisión del espíritu causa un dolor indescriptible, que el pasado entero y los hábitos todos de semejante espíritu se oponen a ese absurdissimum [cosa totalmente absurda] que se le presenta como «fe». Los hombres modernos, con su embotamiento para toda la nomenclatura cristiana, no sienten ya la horrorosa superlatividad que había para un gusto antiguo en la paradoja de la fórmula «Dios en la cruz». Nunca ni en ningún lugar había existido hasta ese momento una audacia igual en invertir las cosas, nunca ni en ningún lugar se había dado algo tan terrible, interrogativo y problemático como esa fórmula: ella prometía una transvaloración de todos los valores antiguos. El Oriente, el Oriente profundo, el esclavo oriental fueron los que de esa manera se vengaron de Roma y de su aristocrática y frívola tolerancia, del «catolicismo» ro mano de la fe: y no fue nunca la fe, sino la libertad frente a la fe, aquella semiestoica y sonriente despreocupación frente a la seriedad de la fe lo que sublevaba a los esclavos en sus señores, contra sus señores. La «ilustración» subleva: en efecto, el esclavo quiere lo incondicional, comprende sólo lo tiránico, también en la moral, ama igual que odia, sin nuance [matiz], a fondo, hasta el dolor, hasta la enfermedad, su mucho y escondido sufrimiento se subleva contra el gusto aristocrático, que parece negar el sufrimiento. El escepticismo con respecto al sufrimiento, que en el fondo es tan sólo un rasgo afectado de la moral aristocrática, ha contribuido no poco a la génesis de la última gran rebelión de esclavos, comenzada con la Revolución francesa.

47

Dondequiera que ha aparecido hasta ahora en la tierra la neurosis religiosa, la encontramos ligada a tres peligrosas prescripciones dietéticas: soledad, ayuno y abstinencia sexual, pero sin que aquí sea posible decidir con seguridad cuál es la causa y cuál es el efecto, y si en absoluto hay aquí una relación de causa y efecto. Lo que autoriza esta última duda es el hecho de que cabalmente uno de los síntomas más regulares de esa neurosis, tanto en los pueblos salvajes como en los domesticados, es también la lascivia más súbita y desenfrenada, la cual se transforma luego, de modo igualmente súbito, en convulsiones de penitencia y en una negación del mundo y de la voluntad: ¿ambas cosas serían interpretables acaso como epilepsia enmascarada? Pero en ningún otro lugar deberíamos abstenernos tanto de las interpretaciones como aquí: no hay ningún tipo en torno al cual haya proliferado hasta ahora tal multitud de absurdos y supersticiones, ningún otro tipo parece haber interesado más, hasta este momento, a los hombres, incluso a los filósofos, sería hora de mostrarse un poco frío precisamente aquí, de aprender cautela o, mejor todavía, de apartar los ojos, de alejarse de aquí. En el trasfondo de la última filosofía que ha aparecido, la schopenhaueriana, encuéntrase aún, constituyendo casi el problema en sí, ese espantoso signo de interrogación que son la crisis y el despertar religiosos.

¿Cómo es posible la negación de la voluntad?, ¿cómo es posible el santo? ésta parece haber sido realmente la pregunta gracias a la cual se hizo filósofo Schopenhauer y por la que comenzó. Y de este modo fue una consecuencia genuinamente schopenhaueriana que su secuaz más convencido (acaso también el último, en lo que a Alemania se refiere), es decir, Richard Wagner, finalizase justamente ahí la obra de toda su vida y acabase sacando a escena, en la figura de Kundry, ese tipo terrible y eterno, tipe vécu [tipo vivido], en carne y hueso; en la misma época en que los médicos alienistas de casi todos los países de Europa tenían ocasión de estudiarlo de cerca, en todos los lugares en que la neurosis religiosa o, según lo llamo yo, «el ser religioso» tuvo en el «Ejército de Salvación» su última irrupción y aparición epidémicas.

Si se pregunta, sin embargo, qué es en realidad lo que en el fenómeno entero del santo ha resultado tan irresistible interesante a los hombres de toda índole y de todo tiempo, también a los filósofos: eso es, sin ninguna duda, la apariencia de milagro que lleva consigo, es decir, la apariencia de una inmediata sucesión de antítesis, de estados psíquicos de valoración moral antitética: se creía aferrar aquí con las manos el hecho de que de un «hombre malo» surgía de repente un «santo», un hombre bueno. La psicología habida hasta ahora ha naufragado en este punto: ¿y no habrá ocurrido esto principalmente porque ella se había colocado bajo el dominio de la moral, porque ella misma creía en las antítesis morales de los valores, y proyectaba tales antítesis sobre la visión, sobre la lectura, sobre la interpretación del texto y del hecho? ¿Cómo? ¿Sería el «milagro» tan sólo un error de interpretación? ¿Una carencia de filología?

48

Parece que a las razas latinas su catolicismo les es más íntimo y propio que el cristianismo entero en general a nosotros los hombres del Norte: y que, en consecuencia, la incredulidad en los países católicos ha de significar algo totalmente distinto que en los países protestantes a saber, una especie de sublevación contra el espíritu de la raza, mientras que en nosotros es más bien un retorno al espíritu (o falta de espíritu) de la raza. Nosotros los hombres del Norte provenimos indudablemente de razas bárbaras, también en lo que se refiere a nuestras dotes para la religión: nosotros estamos mal dotados para la religión. Es lícito hacer una excepción con los celtas, los cuales han proporcionado por ello también el mejor terreno para la recepción de la infección cristiana en el Norte: en Francia es donde el ideal cristiano ha llegado a su pleno florecimiento, en la medida en que el pálido sol del Norte lo ha permitido. ¡Cuán extrañamente piadosos continúan siendo para nuestro gusto incluso esos últimos escépticos franceses, en la medida en que hay en su ascendencia algo de sangre celta! ¡Qué olor tan católico, tan no alemán tiene para nosotros la sociología de Auguste Comte, con su lógica romana de los instintos! ¡Qué olor jesuítico desprende aquel amable e inteligente cicerone de PortRoyal, SainteBeuve, a pesar de toda su hostilidad contra los jesuitas! Y el propio Ernest Renan: ¡cuán inaccesible nos resulta a nosotros los hombres del Norte el lenguaje de ese Renan, en el que, a cada instante, una pizca cualquiera de tensión religiosa hace perder el equilibrio a su alma, alma voluptuosa en el sentido refinado y amante de la comodidad! Basta con repetir tras él estas bellas frases suyas, ¡y cuánta malicia y petulancia se agitan enseguida, como respuesta, en nuestra alma, probablemente menos bella y más dura, es decir, más alemana! disons donc hardiment que la religion est un produit de l'homme normal, que l'homme est le plus dans le vrai quand il est le plus religieux et le plus assuré d'une destinée infinie... C'est quand il est bon qu'il veut que la vertu corresponde á un ordre éternel, c'est quand il contemple les choses d'unemaniere désintéressée qu'il trouve la mort révoltante et absurde. Comment ne pas supposer que c'est dans ces momentslá, que l'homme voit le mieux?... [Digamos, pues, resueltamente que la religión es un producto del hombre normal, que el hombre está tanto más en lo verdadero cuanto más religioso es y cuanto más seguro está de un destino infinito... Cuando es bueno, quiere que la virtud corresponda a un orden eterno; cuando contempla las cosas de una manera desinteresada, encuentra que la muerte es indignante y absurda.

¿Cómo no suponer que es en estos momentos cuando el hombre ve mejor?]. Estas frases son tan antipódicas de mis oídos y de mis hábitos que, cuando las encontré, mi primer movimiento de cólera escribió al margen: la niaiserie religieusepar excellence! [¡la bobería religiosa por excelencia!] ¡hasta que mi último movimiento de rabia terminó por hacérmelas gratas, esas frases, con su verdad puesta cabeza abajo!

¡Resulta tan exquisito, tan distinguido, tener antípodas propios!

49

Lo que nos deja asombrados en la religiosidad de los antiguos griegos es la indómita plenitud de agradecimiento que de ella brota: ¡es una especie muy aristocrática de hombre la que adopta esa actitud ante la naturaleza y ante la vida! Más tarde, cuando la plebe alcanza la preponderancia en Grecia, prolifera el temor también en la religión; y el cristianismo se estaba preparando.

50

La pasión por Dios: de ella hay especies rústicas, cándidas e importunas, así la de Lutero, el protestantismo entero carece de la delicatezza [delicadeza] meridional. En ella hay ese oriental estar fuera de sí que se presenta en un esclavo inmerecidamente agraciado o elevado, por ejemplo en San Agustín, el cual carece, de una manera ofensiva, de toda aristocracia de gestos y de deseos. En ella hay una delicadeza y concupiscencia femeninas que aspiran de manera púdica e ignorante a una unio mystica et physica [unión mística y física], como ocurre en Madame de Guyon. En muchos casos la citada pasión aparece, bastante curiosamente, como disfraz de la pubertad de una muchacha o de un joven; a veces incluso como histeria de una solterona, y también como la última ambición de ésta: ya varias veces la Iglesia ha canonizado a la mujer en un caso así.

51

Hasta ahora los hombres más poderosos han venido inclinándose siempre con respeto ante el santo como ante el enigma del vencimiento de sí y de la renuncia deliberada y suprema: ¿por qué se inclinaban? Atisbaban en él y, por así decirlo, detrás del signo de interrogación de su apariencia frágil y miserable la fuerza superior que quería ponerse a, prueba a sí misma en ese vencimiento, la fortaleza de la voluntad, en la que ellos reconocían y sabían venerar su propia fortaleza y su propio placer de señores: honraban algo de sí mismos cuando honraban al santo. A esto se añadía que el espectáculo de un santo los volvía suspicaces: tal monstruosidad de negación, de anti-naturaleza, no será deseada en vano, así se decían, haciéndose preguntas. ¿Acaso hay un motivo para hacer eso, un peligro muy grande, que el asceta conoce más de cerca, gracias a sus secretos consoladores y visitantes? En suma, los poderosos del mundo aprendían un nuevo temor en presencia del santo, atisbaban un nuevo poder, un enemigo extraño, todavía no sojuzgado: la «voluntad de poder» era la que los obligaba a detenerse delante del santo. Tenían que hacerle preguntas

52

En el «Antiguo Testamento» judío, que es el libro de la justicia divina, hombres, cosas y discursos poseen un estilo tan grandioso que las escrituras griegas e indias no tienen nada que poner a su lado. Con terror y respeto nos detenemos ante ese inmenso residuo de lo que el hombre fue en otro tiempo, y al hacerlo nos asaltarán tristes pensamientos sobre la vieja Asia y sobre Europa, su pequeña península avanzada, la cual significaría, frente a Asia, el «progreso del hombre». Ciertamente: quien no es, por su parte, más que un flaco y manso animal doméstico y no conoce más que necesidades de animal doméstico (como nuestros hombres cultos de hoy, incluidos los cristianos del cristianismo «culto»), ése no ha de asombrarse ni menos todavía afligirse bajo aquellas ruinas el gusto por el Antiguo Testamento es una piedra de toque en lo referente a lo «grande» y lo «pequeño» : tal vez ese hombre seguirá pensando que el Nuevo Testamento, el libro de la gracia, es más conforme a su corazón (hay en él mucho del genuino olor tierno y sofocante que exhalan los rezadores y las almas pequeñas). El haber encuadernado este Nuevo Testamento, que es una especie de rococó del gusto en todos los sentidos, con el Antiguo Testamento, formando un solo libro llamado la «Biblia», el «Libro en sí»: quizá sea ésa la máxima temeridad y el máximo «pecado contra el espíritu» que la Europa literaria tenga sobre su conciencia.

53

¿Por qué el ateísmo hoy? «El padre» en Dios está refutado a fondo; también «el juez», «el remunerador». Asimismo, su «voluntad libre»: no oye, y si oyese, no sabría, a pesar de todo, prestar ayuda. Lo peor es: parece incapaz de comunicarse con claridad: ¿es que es oscuro? Esto es lo que yo he averiguado como causas de la decadencia del teísmo europeo, sacándolo de múltiples conversaciones, interrogando, escuchando; a mí me parece ciertamente que el instinto religioso está en un momento de poderoso crecimiento, pero que ese instinto rechaza, con profunda desconfianza, justo la satisfacción teísta.

54

¿Qué es, pues, lo que la filosofía moderna entera hace en el fondo? Desde Descartes y, ciertamente, más a pesar de él que sobre la base de su precedente todos los filósofos, con ¡la apariencia de realizar una crítica del concepto de sujeto y de predicado, cometen un atentado contra el viejo concepto del alma es decir: un atentado contra el presupuesto fundamental de la doctrina cristiana. La filosofía moderna, por ser un escepticismo gnoseológico, es, de manera oculta o declarada, anticristiana: aunque en modo alguno sea antirreligiosa, quede dicho esto para oídos más sutiles. En otro tiempo, (en efecto, se creía en «el alma» como se creía en la gramática y en el sujeto gramatical: se decía: «yo» es condición, «pienso» en predicado y condicionado pensar es una actividad para lo cual hay que pensar como causa un sujeto. Después, con una tenacidad y una astucia admirables, se hizo la tentativa de ver si no sería posible salir de esa red, de si acaso lo contrario era lo verdadero: «pienso», la condición, «yo», lo condicionado; «yo», pues, sólo una síntesis hecha por el pensar mismo. En el fondo Kant quiso demostrar que, partiendo del sujeto, no se puede demostrar el sujeto, y tampoco el complemento: sin duda no le fue siempre extraña la posibilidad de una existencia aparente del sujeto, esto es, «del alma», pensamiento éste que, como filosofía del Vedanta, había existido ya una vez, y con inmenso poder, en la tierra.

55

Existe una larga escalera de la crueldad religiosa que consta de numerosos peldaños; pero tres de éstos son los más importantes. En otro tiempo la gente sacrificaba a su dios seres humanos, acaso precisamente aquellos a quienes más amaba, a esta categoría pertenecen los sacrificios de los primogénitos, característicos de todas las religiones prehistóricas, y también el sacrificio del emperador Tiberio en la gruta de Mitra, de la isla de Capri, el más horrible de todos los anacronismos romanos. Después, en la época moral de la humanidad, la gente sacrificaba a su Dios los instintos más fuertes que poseía, la «naturaleza» propia; esta alegría festiva brilla en la cruel mirada del asceta, del hombre entusiásticamente «antinatural». Finalmente, ¿qué quedaba todavía por sacrificar? ¿No tenía la gente que acabar sacrificando alguna vez todo lo consolador, lo santo, lo saludable, toda esperanza, toda fe en una armonía oculta, en bienaventuranzas y justicias futuras?, ¿no tenía que sacrificar a Dios mismo y, por crueldad contra sí, adorar la piedra, la estupidez, la fuerza de la gravedad, el destino, la nada? Sacrificar a Dios por la nada este misterio paradójico de la crueldad suprema ha quedado reservado a la generación que precisamente ahora surge en el horizonte: todos nosotros conocemos ya algo de esto.

56

Quien, como yo, se ha esforzado durante largo tiempo, con cierto afán enigmático, por pensar a fondo el pesimismo y por redimirlo de la estrechez y simpleza mitad cristianas mitad alemanas con que ha acabado presentándose a este siglo, a saber, en la figura de la filosofía schopenhaueriana; quien ha escrutado realmente, con ojos asiáticos y surasiáticos, el interior y la hondura del modo de pensar más negador del mundo entre todos los modos posibles de pensar y ha hecho esto desde más allá del bien y del mal, y ya no, como Buda y Schopenhauer, bajo el hechizo y la ilusión de la moral, quizá ése, justo por ello, sin que él lo quisiera propiamente, ha abierto sus ojos para ver el ideal opuesto: el ideal del hombre totalmente petulante, totalmente lleno de vida y totalmente afirmador del mundo, hombre que no sólo ha aprendido a resignarse y a soportar todo aquello que ha sido y es, sino que quiere volver a tenerlo tal como ha sido y como es, por toda la eternidad, gritando insaciablemente da chpo [¡que se repita!] no sólo a sí mismo, sino a la obra y al espectáculo entero, y no sólo a un espectáculo, sino, en el fondo, a aquel que tiene necesidad precisamente de ese espectáculo y lo hace necesario: porque una y otra vez tiene necesidad de sí mismo y lo hace necesario ¿Cómo? ¿Y esto no sería circulus vitiosus deus [dioses un círculo vicioso]?

57

La lejanía y, por así decirlo, el espacio en torno al hombre crecen a medida que crece la fuerza de su mirada y penetración espirituales: su mundo se vuelve más profundo, hacen las visibles estrellas siempre nuevas, enigmas e imágenes siempre nuevos. Quizá todo aquello sobre lo que los ojos del espíritu ejercitaron su perspicacia y su penetración no fuera más que precisamente un pretexto para ejercitarse, una cosa de juego, algo para niños y para cabezas infantiles. Acaso un día los conceptos más solemnes, por los cuales más se ha luchado y sufrido, los conceptos de «Dios» y de «pecado», no nos parezcan más importantes que le parecen al hombre viejo un juego infantil y un dolor infantil, y acaso «el hombre viejo» vuelva a tener entonces necesidad de otro juguete y de otro dolor, ¡siempre todavía bastante niño, niño eterno!

58

¿Se ha observado bien hasta qué punto resulta necesaria para una vida auténticamente religiosa (y tanto para nuestro predilecto trabajo microscópico de análisis de nosotros mismos como para aquella delicada dejadez que se llama «oración» y que es una preparación constante para la «venida de Dios») la ociosidad o semi ociosidad exterior, quiero decirla ociosidad con buena conciencia, desde antiguo, de sangre, a la cual no le es totalmente extraño el sentimiento aristocrático de que el trabajo deshonra, es decir, que nos vuelve vulgares de alma y de cuerpo?

¡Y que, en consecuencia, la laboriosidad moderna, ruidosa, avara de su tiempo, orgullosa de sí, estúpidamente orgullosa, es algo que educa y prepara, más que todo lo demás, precisamente para la «incredulidad»? Entre aquéllos que, por ejemplo ahora en Alemania, viven apartados de la religión encuentro hombres cuyo «librepensamiento» es de especie y ascendencia muy diversas, per, sobre todo una mayoría de hombres a quienes la laboriosidad les ha ido extinguiendo, generación tras gene ración, sus instintos religiosos: de modo que ya no saben para qué si ven las religiones, y, por así decirlo, registran su presencia en el mundo con una especie de obtuso asombro. Esas buenas gentes se sienten ya muy ocupadas, bien por sus negocios, bien por sus diversiones, para no hablar de la «patria» y de los periódicos y de los «deberes de familia»: parece que no les queda tiempo alguno para la religión, tanto más cuanto que para ellos continúa estando oscura la cuestión de si aquí se trata de un nuevo negocio o de una nueva diversión, pues es imposible, se dicen, que la gente vaya a la iglesia meramente para echarse a per der el buen humor. No son enemigos de los usos religiosos; si en ciertos casos alguien, por ejemplo el Esta do, les exige su participación en ellos, hacen lo que se les exige del mismo modo que hacen tantas otras cosas, con una paciente y modesta seriedad y sin mucha curiosidad ni malestar: justo ellos viven demasiado al margen y demasiado fuera de eso como para pensar que precisen tener siquiera un pro y un contra en tales cosas. De estos indiferentes forma parte hoy la gran mayoría de los protestantes alemanes de las clases medias, sobre todo en los grandes y laboriosos centros del comercio y del tráfico; asimismo la gran mayoría de los doctos laboriosos y todo el personal de las universidades (excluidos los teólogos, cuya abstinencia y posibilidad en ellas ofrece al psicólogo, para que los descifre, enigmas cada vez más numerosos y cada vez más sutiles). Raras veces los hombres piadosos o simplemente de iglesia se hacen una idea de cuánta buena voluntad, también podría decirse voluntad arbitraria, se requiere ahora para que un docto alemán tome en serio el problema de la religión; su oficio entero (y, como hemos dicho, su laboriosidad profesional, a la que le obliga su conciencia moderna) inclina a ese docto hacia una jovialidad superior, casi bondadosa, con respecto a la religión, jovialidad a la cual se mezcla a veces un ligero menosprecio dirigido contra la «suciedad» de espíritu que él presupone en todos aquellos lugares donde la gente continúa adscribiéndose a la Iglesia. Sólo con ayuda de la historia (es decir, no sobre la base de su experiencia personal) logra el docto alcanzar, en lo que se refiere a las religiones, una seriedad respetuosa y una cierta deferencia tímida; pero aunque haya elevado su sentimiento incluso hasta llegar a sentir gratitud frente a ella, con su persona, sin embargo, no se ha aproximado un solo paso a aquello que continúa subsistiendo como Iglesia o como piedad: tal vez lo contrario. La indiferencia práctica frente a las cosas religiosas dentro de las cuales nació y fue educado suele sublimarse en él, convirtiéndose en una circunspección y limpieza que rehúyen el contacto con personas y cosas religiosas; y puede ser cabalmente la hondura de su tolerancia y humanidad la que le ordene evitar aquella sutil tortura que el tolerar trae consigo. Cada época tiene su propia especie divina de ingenuidad, cuya invención le envidiarán otras épocas: y cuánta ingenuidad, cuánta respetable, infantil, ilimitadamente torpe ingenuidad hay en esta creencia que el docto tiene de su superioridad, en la buena conciencia de su tolerancia, en la candorosa y simplista seguridad con que su instinto trata al hombre religioso como un tipo inferior y menos valioso, más allá del cual, lejos del cual, por encima del cual él ha crecido, ¡él, el pequeño y presuntuoso enano y hombre de la plebe, el diligente y ágil trabajador intelectual y manual de las «ideas», de las «ideas modernas»!

59

Quien ha mirado hondo dentro del mundo adivina sin duda cuál es la sabiduría que hay en el hecho de que los hombres sean superficiales. Su instinto de conservación es el que los enseña a ser volubles, ligeros y falsos. Acá y allá encontramos una adoración apasionada y excesiva de las «formas puras», tanto entre filósofos como entre artistas: que nadie dude de que quien de ese modo necesita el culto de la superficie ha hecho alguna vez un intento desdichado por debajo de ella. Acaso continúe habiendo un orden jerárquico incluso entre esos niños chamuscados que son los artistas natos, los cuales no encuentran ya el goce de la vida más que en el propósito de falsear la imagen de ésta (por así decirlo, en una duradera venganza contra la vida): el grado en que la vida se les ha hecho odiosa podría averiguarse por el grado en que desean ver falseada, diluida, allendizada, divinizada la imagen de la vida, a los homines religiosi [hombres religiosos] se los podría contar entre los artistas, como su categoría suprema. El miedo profundo y suspicaz a un pesimismo incurable es lo que constriñe a milenios enteros a aferrarse con los dientes a una interpretación religiosa de la existencia: el miedo propio de aquel instinto que atisba que cabría apoderarse de la verdad demasiado prematuramente, antes de que el hombre hubiera llegado a ser bastante fuerte, bastante duro, bastante artista... Consideradas desde esa perspectiva, la piedad, la «vida en Dios» aparecerían entonces como el engendro más sutil y extremado del miedo a la verdad, como adoración y embriaguez de artista ante la más consecuente de todas las falsificaciones, como voluntad de invertir la verdad, de no verdad a cualquier precio. Quizá no haya habido hasta ahora ningún medio más enérgico para embellecer al hombre mismo que precisamente la piedad: mediante ella puede el hombre llegar hasta tal punto a convertirse en arte, superficie, juego de colores, bondad, que su aspecto ya no haga sufrir.

60

Amar al hombre por amor a Dios ése ha sido hasta ahora el sentimiento más aristocrático y remoto a que han llegado los hombres. Que amar al hombre sin ninguna oculta intención santificadora es una estupidez y una brutalidad más, que la inclinación a ese amor al hombre ha de recibir su medida, su finura, su grano de sal y su partícula de ámbar de una inclinación superior: quienquiera que haya sido el hombre que por vez primera tuvo ese sentimiento y esa «vivencia», y aunque acaso su lengua balbuciese al intentar expresar semejante delicadeza, ¡continúe siendo para nosotros por todos los tiempos santo y digno de veneración, pues es el hombre que más alto ha volado hasta ahora y que se ha extraviado del modo más bello!

61

El filósofo, entendido en el sentido en que lo entendemos nosotros, nosotros los espíritus libres, como el hombre que tiene la responsabilidad más amplia de todas, que considera asunto de su conciencia el desarrollo integral del hombre: ese filósofo se servirá de las religiones para su obra de selección y educación, de igual modo que se servirá de las situaciones políticas y económicas existentes en cada caso. El influjo se lectivo, seleccionador, es decir, tanto destructor como creador y plasmador que es posible ejercer con ayuda de las religiones, es un influjo múltiple y diverso según sea la especie de hombres que queden puestos bajo el anatema y la protección de aquéllas. Para los fuertes, los independientes, los preparados y predestinados al mando, en los cuales se encarnan la razón y el arte de una raza dominadora, la religión es un medio más para vencer resistencias, para poder dominar: un lazo que vincula a señores y súbditos y que denuncia y pone en manos de los primeros las conciencias de los segundos, lo más oculto e íntimo de éstos, que con gusto se sustraería a la obediencia; y en el caso de que algunas naturalezas de esa procedencia aristocrática se inclinen, en razón de una espiritualidad elevada, hacia una vida más aristocrática y contemplativa y se reserven para sí únicamente la especie más refinada de dominio (la ejercida sobre discípulos escogidos o hermanos de orden), entonces la religión puede ser utilizada incluso como medio de procurarse calma frente al ruido y las dificultades que el modo más grosero de gobernar entraña, así como limpieza frente a la necesaria suciedad de todo hacer política. Así lo entendieron, por ejemplo, los bramanes: con ayuda de una organización religiosa se atribuyeron a sí mismos el poder de designarle al pueblo sus reyes, mientras que ellos mismos se mantenían y se sentían aparte y fuera, como hombres destinados a tareas superiores y más elevadas que las del rey. Entretanto la religión proporciona también a una parte de los dominados una guía y una ocasión de prepararse a dominar y a mandar alguna vez ellos, se las proporciona, en efecto, a aquellas clases y estamentos que van ascendiendo lentamente, en los cuales se hallan en continuo aumento, merced a costumbres matrimoniales afortunadas, la fuerza y el placer de la voluntad, la voluntad de autodominio: a ellos ofréceles la religión suficientes impulsos y tentaciones para recorrer los caminos que llevan hacia una espiritualidad más elevada, a saborear los sentimientos de la gran auto superación, del silencio y de la soledad: ascetismo y puritanismo son medios casi ineludibles de educación y ennoblecimiento cuando una raza quiere triunfar de su procedencia plebeya y trabaja por elevarse hacia el futuro dominio. A los hombres ordinarios, en fin, a los más, que existen para servir y para el provecho general, y a los cuales sólo en ese sentido les es lícito existir, proporciónales la religión el don inestimable de sentirse contentos con su situación y su modo de ser, una múltiple paz del corazón, un ennoblecimiento de la obediencia, una felicidad y un sufrimiento más, compartidos con sus iguales, y algo de transfiguración y embellecimiento, algo de justificación de la vida cotidiana entera, de toda la bajeza, de toda la pobreza semi-animal de su alma. La religión y el significado religioso de la vida lanzan un rayo de sol sobre tales hombres siempre atormenta dos y les hacen soportable incluso su propio aspecto, actúan como suele actuar una filosofía epicúrea sobre personas dolientes de rango superior, produciendo un influjo reconfortante, refinador, que, por así decirlo, saca provecho del sufrimiento y acaba incluso por santificarlo y justificarlo. Quizá no exista ni en el cristianismo ni en el budismo cosa más digna de respeto que su arte de enseñar aun a los más bajos a integrarse por piedad en un aparente orden superior de las cosas y, con ello, a seguir estando contentos con el orden real, dentro del cual llevan ellos una vida bastante dura ¡y precisamente esa dureza resulta necesaria!

62

Por último, ciertamente, para mostrar también la contrapartida mala de tales religiones y sacar a luz su inquietante peligrosidad: es caro y terrible el precio que se paga siempre que las religiones no están en manos del filósofo, como medios de selección y de educación, sino que son ellas las que gobiernan por sí mismas y de manera soberana, siempre que ellas mismas quieren ser fines últimos y no medios junto a otros medios. Hay en el ser humano, como en toda otra especie animal, un excedente de tarados, enfermos, degenera+ dos, decrépitos, dolientes por necesidad; los casos logrados son siempre, también en el ser humano, la excepción, y dado que el hombre es el animal aún no fijado, son incluso una excepción escasa. Pero hay algo peor todavía: cuanto más elevado es el tipo de un hombre que representa a aquél, tanto más aumenta la improbabilidad de que se logre: lo azaroso, la ley del absurdo en la economía global de la humanidad muéstrase de la manera más terrible en el efecto destructor que ejerce sobre los hombres superiores, cuyas condiciones de vida son delicadas, complejas y difícilmente calculables. Ahora bien, ¿cómo se comportan esas dos religiones mencionadas, las más grandes de todas, frente a ese excedente de los casos malogrados? Intentan conservar, mantener con vida cualquier cosa que se pueda mantener, e incluso, por principio, toman partido a favor de los malogrados, como religiones para dolientes que son, ellas otorgan la razón a todos aquellos que sufren de la vida como de una enfermedad y quisieran lograr que todo otro modo de sentir la vida fuera considerado falso y se volviera imposible. Aunque se tenga una alta estima de esa indulgente y sustentadora solicitud, en la medida en que se aplica y se ha aplicado, junto a todos los demás, también al tipo más elevado de hombre, el cual hasta ahora ha sido casi siempre también el más doliente: en el balance total, sin embargo, las religiones habidas hasta ahora, es decir, las religiones soberanas cuéntanse entre las causas principales que han mantenido al tipo «hombre» en un nivel bastante bajo, han conservado demasiado de aquello que debía perecer. Hay que agradecerles algo inestimable: ¡y quién será tan rico de gratitud que no se vuelva pobre frente a todo lo que los «hombres de Iglesia» del cristianismo, por ejemplo, han hecho hasta ahora por Europa! Sin embargo, cuando proporcionaban consuelo a los dolientes, ánimo a los oprimidos y desesperados, sostén y apoyo a los faltos de independencia, y cuando atraían hacia los monasterios y penitenciarías psíquicos, alejándolos así de la sociedad, a los interiormente destruidos y a los que se volvían salvajes: ¿qué tenían que hacer, además, para trabajar con una conciencia tan radical mente tranquila en la conservación de do lo enfermo y doliente, es decir, trabajar real y verdaderamente en el empeoramiento de la raza europea? Poner cabeza abajo todas las valoraciones ¡eso es lo que tenían que hacer! Y quebrantar a los fuertes, debilitar las grandes esperanzas, hacer sospechosa la felicidad inherente a la belleza, pervertir todo lo soberano, varonil, conquistador, ávido de poder, todos los instintos que son propios del tipo supremo y mejor logrado de «hombre», transformando esas cosas en inseguridad, tormento de conciencia, autodestrucción, incluso invertir todo el amor a lo terreno y al dominio de la tierra convirtiéndolo en odio contra la tierra y lo terreno tal fue la tarea que la

Iglesia se impuso, y que tuvo que imponerse, hasta que, a su parecer, «desmundanización», «desensualización» y «hombre superior» acaba ron fundiéndose en un único sentimiento. Suponiendo que alguien pudiera abarcar con los ojos irónicos e independientes de un dios epicúreo la comedia prodigiosamente dolorosa y tan grosera como sutil del cristianismo europeo, yo creo que no acabaría nunca de asombrarse y de reírse: ano parece, en efecto, que durante dieciocho siglos ha dominado sobre Europa una sola voluntad, la de convertir al hombre en un engendro sublime? Mas quien a esa degeneración y a esa atrofia casi voluntarias del hombre que es el europeo cristiano (Pascal, por ejemplo) se acercase con necesidades opuestas, es decir, no ya de manera epicúrea, sino con un martillo divino en la mano, ¿no tendría ése ciertamente que gritar con rabia, con compasión, con espanto?: «¡Oh vosotros majaderos, vosotros majaderos presuntuosos y compasivos, qué habéis hecho! ¡No era ése un trabajo para vuestras manos! ¡Cómo me habéis deteriorado y mancillado mi piedra más hermosa! ¡Qué cosas os d habéis permitido vosotros!»? Yo he querido decir: el cristianismo ha sido hasta ahora la especie más funesta de auto presunción. Hombres no lo bastante elevados ni duros como para que les fuera lícito dar, en su calidad de artistas, una forma al hombre, hombres no lo bastante fuertes ni dotados de mirada lo bastante larga como para dejar dominar, con un sublime sojuzgamiento de sí, esa ley previa de los miles de fracasos y ruinas; hombres no lo bastante aristocráticos como para ver la jerarquía abismalmente distinta y la diferencia de rango existentes entre hombre y hombre: tales son los hombres que han dominado hasta ahora, con su «igualdad ante Dios», el destino de Europa, hasta que acabó formándose une especie empequeñecida, casi ridícula, un animal de rebaño, un ser dócil, enfermizo y mediocre, el europeo de hoy...

SECCIÓN CUARTA
SENTENCIAS E INTERLUDIOS

63

Quien es radicalmente maestro no toma ninguna cosa en serio más que en relación a sus discípulos, ni siquiera a sí mismo.

64

«El conocimiento por el conocimiento» ésa es la última trampa que la moral tiende: de ese modo volvemos a enredarnos completamente en ella.

65

El atractivo del conocimiento sería muy pequeño si en el camino que lleva a él no hubiera que superar tanto pudor.

65a

Con nuestro propio Dios es con quien más deshonestos somos: ¡a él no le es lícito pecar!

66

La inclinación a rebajarse, a dejarse robar, mentir y expoliar podría ser el pudor de un dios entre los hombres.

67

El amor a uno solo es una barbarie, pues se practica a costa de todos los demás. También el amor a Dios.

68

«Yo he hecho eso», dice mi memoria. «Yo no puedo haber hecho eso» dice mi orgullo y permanece in flexible. Al final la memoria cede.

69

Se ha contemplado mal la vida cuando no se ha visto también la mano que de manera indulgente mata.

70

Si uno tiene carácter, también tiene una vivencia típica y propia, que retorna siempre.

71

El sabio como astrónomo. Mientras continúes sintiendo las estrellas como un «porencimadeti» sigue faltándote la mirada del hombre de conocimiento.

72

No es la intensidad, sino la duración del sentimiento elevado lo que constituye a los hombres elevados.

73

Quien alcanza su ideal, justo por ello va más allá de él.

73a

Más de un pavo real oculta su cola a los ojos de todos y a esto lo llama su orgullo.

74

Un hombre de genio resulta insoportable si no posee, además, otras dos cosas cuando menos: gratitud y limpieza.

75

Grado y especie de la sexualidad de un ser humano ascienden hasta la última cumbre de su espíritu.

76

En situaciones de paz el hombre belicoso se abalanza sobre sí mismo.

77

Con nuestros principios queremos tiranizar o justificar u honrar o injuriar u ocultar nuestros hábitos: dos hombres con principios idénticos probablemente quieren, por esto, algo radicalmente distinto.

78

Quien a sí mismo se desprecia continúa apreciándose, sin embargo, a sí mismo en cuanto despreciador.

79

Un alma que se sabe amada, pero que por su parte no ama, delata lo que está en su fondo: lo más bajo de ella sube a la superficie.

80

Una cosa que queda explicada deja de interesarnos. ¿Qué quería decir aquel dios que aconsejaba: «¡Conócete a ti mismo!»? ¿Acaso esto significaba: «¡Deja de interesarte a ti mismo! ¡Vuélvete objetivo!»? ¿Y Sócrates? ¿Y el «hombre científico»?

81

Es terrible morir de sed en el mar. ¿Tenéis vosotros que echar enseguida tanta sal a vuestra verdad que luego ni siquiera apague ya la sed?

82

¡«Compasión con todos» sería dureza y tiranía contigo, señor vecino!

83

El instinto. Cuando la casa arde, olvidamos incluso el almuerzo. Sí: pero luego lo recuperamos sobre la ceniza.

84

La mujer aprende a odiar en la medida en que desaprende a hechizar.

85

Afectos idénticos tienen, sin embargo, un tempo [ritmo] distinto en el varón y en la mujer: por ello varón y mujer no cesan de malentenderse.

86

Las propias mujeres continúan teniendo siempre, en el trasfondo de toda su vanidad personal, un desprecio impersonal por «la mujer».

87

Corazón sujeto, espíritu libre. Cuando sujetamos con dureza nuestro corazón y lo encarcelamos, podemos dar muchas libertades a nuestro espíritu: ya lo he dicho una vez. Pero no se me cree, suponiendo que no se lo sepa ya...

88

De las personas muy inteligentes comenzamos a desconfiar cuando se quedan perplejas.

89

Las vivencias horrorosas nos hacen pensar si quien las tiene no es, él, algo horroroso.

90

Precisamente con aquello que a otros los pone graves, con el odio y el amor, los hombres graves, melancólicos, se vuelven más ligeros y se elevan por una temporada hasta su superficie.

91

¡Es tan frío, tan gélido, que al tocarlo nos quemamos los dedos! ¡Toda mano que lo agarra se espanta! Y justo por ello más de uno lo tiene por ardiente.

92

¿Quién, por salvar su buena reputación, no se ha sacrificado ya alguna vez a sí mismo?

93

En la afabilidad no hay nada de odio a los hombres, pero justo por ello hay demasiado desprecio por los hombres.

94

Madurez del hombre adulto: significa haber reencontrado la seriedad que de niño tenía al jugar.

95

Avergonzarnos de nuestra inmoralidad: un peldaño en la escalera a cuyo final nos avergonzamos también de nuestra moralidad.

96

Debemos separarnos de la vida como Ulises se separó de Náusica, bendiciéndola más bien que enamorado.

97

¿Cómo? ¿Un gran hombre? Yo veo siempre tan sólo al comediante de su propio ideal.

98

Si amaestramos a nuestra conciencia, nos besa a la vez que nos muerde.

99

Habla el desilusionado. «Esperaba oír un eco, y no oí más que unas alabanzas ».

100

Ante nosotros mismos todos fingimos ser más simples de lo que somos: así descansamos de nuestros semejantes.

101

Hoy un hombre de conocimiento fácilmente se sentiría a sí mismo como animalización de Dios.

102

En realidad el descubrir que alguien le corresponde con su amor debería desilusionar al amante acerca del ser amado. «¿Cómo?, ¿Es él lo bastante modesto para amarte incluso a ti? ¿O lo bastante estúpido? ».

103

El peligro en la felicidad. «Ahora todo me sale bien, desde ahora amo todo destino: ¿quién se complace en ser mi destino?»

104

No su amor a los hombres, sino la impotencia de su amor a los hombres es lo que a los cristianos de hoy les impide quemarnos a nosotros.

105

Para el espíritu libre, para el «devoto del conocimiento» la pía fraus [mentira piadosa] repugna a su gusto (a su «devoción») más todavía que la impía fraus [mentira impía]. De ahí procede su profunda incomprensión frente a la Iglesia, a la que considera, pues él pertenece al tipo «espíritu libre», como su no libertad.

106
Merced a la música gozan de sí mismas las pasiones.

107
Una vez tomada la decisión, cerrar los oídos incluso al mejor de los argumentos en contra: señal de carácter enérgico. También, voluntad ocasional de estupidez.

108
No existen fenómenos morales, sino sólo una interpretación moral de fenómenos...

109
Con bastante frecuencia el criminal no está a la altura de su acto: lo empequeñece y calumnia.

110
Los abogados de un criminal raras veces son lo bastante artistas como para volver en favor del reo lo que de hermosamente horrible hay en su acto.

111
Cuando más difícil resulta ofender a nuestra vanidad es cuando nuestro orgullo acaba de ser ofendido.

112
A quien se siente predestinado a la contemplación y no a la fe, todos los creyentes le resultan demasiado ruidosos e importunos: se defiende de ellos.

113
«Quieres predisponer a alguien en favor de ti? Fíngete desconcertado ante él ».

114
La inmensa expectación respecto al amor sexual y el pudor inherente a esa expectación échales a perder de antemano a las mujeres todas las perspectivas.

115
Cuando en el juego no intervienen el amor o el odio la mujer juega de manera mediocre.

116
Las grandes épocas de nuestra vida son aquellas en que nos armamos de

valor y rebautizamos el mal que hay en nosotros llamándolo nuestro mejor bien.

117
La voluntad de superar un afecto no es, a fin de cuentas, más que la voluntad de tener uno o varios afectos diferentes.

118
Existe una inocencia de la admiración: la tiene aquel a quien todavía no se le ha ocurrido que también él podría ser admirado alguna vez.

119
La náusea frente a la suciedad puede ser tan grande que nos impida limpiarnos, «justificarnos»

120
A menudo la sensualidad apresura el crecimiento del amor, de modo que la raíz queda débil y es fácil de arrancar.

121
Constituye una fineza el que Dios aprendiese griego cuando quiso hacerse escritor y el que no lo aprendiese mejor.

122
Alegrarse de una alabanza es, en más de uno, sólo una cortesía del corazón y cabalmente lo contrario de una vanidad del espíritu.

123
También el concubinato ha sido corrompido: por el matrimonio.

124
Quien, hallándose en la hoguera, continúa regocijándose, no triunfa sobre el dolor, sino sobre el hecho de no sentir dolor allí donde lo aguardaba. Parábola.

125
Cuando tenemos que cambiar de opinión sobre alguien le hacemos pagar caro la incomodidad que con ello nos produce.

126
Un pueblo es el rodeo que da la naturaleza para llegar a seis, a siete grandes hombres. Sí: y para eludirlos luego.

127
Para todas las mujeres auténticas la ciencia va contra el pudor. Les parece como si de ese modo se quisiera mirarlas bajo la piel, ¡peor todavía!, bajo sus vestidos y adornos.

128

Cuanto más abstracta sea la verdad que quieres enseñar, tanto más tienes que atraer hacia ella incluso a los sentidos.

129

El diablo posee perspectivas amplísimas sobre Dios, por ello se mantiene tan lejos de él: el diablo, es decir, el más antiguo amigo del conocimiento.

130

Lo que alguien es comienza a delatarse cuando su talento declina, cuando deja de mostrar lo que él es capaz de hacer. El talento es también un adorno; y un adorno es también un escondite.

131

Cada uno de los sexos se engaña acerca del otro: esto hace que, en el fondo, se honren y se amen sólo a sí mismos (o a su propio ideal, para expresarlo de manera más grata). Así, el varón quiere pacífica a la mujer, pero cabalmente la mujer es, por esencia, no pacífica, lo mismo que el gato, aunque se haya ejercitado muy bien en ofrecer una apariencia de paz.

132

Por lo que más se nos castiga es por nuestras virtudes.

133

Quien no sabe encontrar el camino que lleva a su ideal lleva una vida más frívola y descarada que el hombre sin ideal.

134

De los sentidos es de donde procede toda credibilidad, toda buena conciencia, toda evidencia de la verdad.

135

El fariseísmo no es una degeneración que aparezca en el hombre bueno: una buena porción de fariseísmo es, antes bien, la condición de todo ser bueno.

136

Uno busca a alguien que le ayude a dar a luz sus pensamientos, otro, a alguien a quien poder ayudar: así es como surge una buena conversación.

137

En el trato con personas doctas y con artistas nos equivocamos fácilmente en dirección opuesta: detrás de un docto notable encontramos no pocas veces un hombre mediocre, y detrás de un artista mediocre encontramos incluso a menudo un hombre muy notable.

138

También en la vigilia actuamos igual que cuando soñamos: primero inventamos y fingimos al hombre con quien tratamos y enseguida lo olvidamos.

139

En la venganza y en el amor la mujer es más bárbara que el varón.

140

Consejo en forma de enigma. «Para que el lazo no se rompa es necesario que primero lo muerdas.»

141

El bajo vientre es el motivo de que al hombre no le resulte fácil tenerse por un dios.

142

La frase más púdica que yo he oído: Dans le véritable amour c'est l'áme qui enveloppe le corps [En el amor verdadero el alma envuelve al cuerpo].

143

Aquello que nosotros mejor hacemos, a nuestra vanidad le gustaría que la gente lo considerase precisamente como lo que más difícil de hacer nos resulta. Para explicar el origen de más de una moral.

144

Cuando una mujer tiene inclinaciones doctas hay de ordinario en su sexualidad algo que no marcha bien. La esterilidad predispone ya para una cierta masculinidad del gusto; el varón es, en efecto, dicho sea con permiso, «el animal estéril».

145

Comparando en conjunto el varón y la mujer, es lícito decir: la mujer no poseería el genio del adorno si no tuviera el instinto propio del segundo papel.

146

Quien con monstruos lucha cuide de no convertirse a su vez en monstruo. Cuando miras largo tiempo a un abismo, también éste mira dentro de ti.

147

Sacado de viejas novelas florentinas, y además de la vida: buona femmina e mala femmina vuol bastone [tanto la mujer buena como la mala quieren palo]

148

Inducir al prójimo a que se forme una buena opinión de nosotros y, a continuación, creer crédulamente en esa opinión: ¿quién iguala a las mujeres en esa obra de arte?

149

Lo que una época siente como malvado es de ordinario una reacuñación intempestiva de lo que en otro tiempo fue sentido como bueno, el atavismo de un ideal más antiguo.

150

En torno al héroe todo se convierte en tragedia, en torno al semidiós, en drama satírico; y en torno a Dios ¿cómo?, ¿acaso en «mundo»?

151

Tener un talento no es suficiente: hay que tener también permiso vuestro para tenerlo, ¿no es así, amigos míos?

152

«Donde se alza el árbol del conocimiento, allí está siempre el paraíso»: esto es lo que dicen las serpientes más viejas y las más jóvenes.

153

Lo que se hace por amor acontece siempre más allá del bien y del mal.

154

La objeción, la travesura, la desconfianza jovial, el gusto por la burla son indicios de salud: todo lo incondicional pertenece a la patología.

155

El sentido de lo trágico aumenta y disminuye con la sensualidad.

156

La demencia es algo raro en los individuos, pero en los grupos, los partidos, los pueblos, las épocas constituye la regla.

157

El pensamiento del suicidio es un poderoso medio de consuelo: con él se logra soportar más de una mala noche.

158

A nuestro instinto más fuerte, al tirano que hay dentro de nosotros, se somete no sólo nuestra razón, sino también nuestra conciencia.

159

Es preciso retribuir tanto lo bueno como lo malo: mas ¿por qué hacerlo precisamente con la persona que nos ha hecho bien o mal?

160

No amamos ya bastante nuestro conocimiento tan pronto como lo comunicamos.

161

Los poetas carecen de pudor con respecto a sus vivencias: las explotan.

162

«Nuestro prójimo no es nuestro vecino, sino el vecino de nuestro vecino» así piensa todo pueblo.

163

El amor saca a la luz las propiedades elevadas y ocultas de un amante, sus cosas raras, excepcionales: en ese aspecto fácilmente engaña a propósito de lo que en él constituye la regla.

164

Jesús dijo a sus judíos: «La ley era para esclavos, ¡amad a Dios como lo amo yo, como hijo suyo! ¡Qué nos importa la moral a nosotros los hijos de Dios!»

165

A la vista de todos los partidos. Un pastor siempre necesita, además, un carnero guía, o él mismo tiene que ser ocasionalmente carnero.

166

Sin duda mentimos con la boca; pero con la jeta que ponemos al mentir continuamos diciendo la verdad.

167

En los hombres duros la intimidad es una cuestión de pudor – y algo precioso.

168

El cristianismo dio de beber veneno a Eros: éste, ciertamente, no murió, pero degeneró convirtiéndose en vicio.

169

Hablar mucho de sí mismo es también un medio de ocultarse.

170

En el elogio hay más entrometimiento que en la censura.

171

En un hombre de conocimiento la compasión casi produce risa, como en un cíclope las manos delicadas.

172

Por filantropía abrazamos a veces a un cualquiera (ya que no podemos abrazar a todos): pero precisamente eso no es lícito revelárselo a ese cualquiera...

173

No odiamos mientras nuestra estima es aún pequeña, sino sólo cuando es igual o mayor a la que tenemos por nosotros mismos.

174

Utilitaristas, es que también vosotros amáis todo utile [cosa útil] tan sólo como un vehículo de nuestras inclinaciones, es que también vosotros encontráis propiamente insoportable el ruido de sus ruedas.

175

En última instancia lo que amamos es nuestro deseo, no lo deseado.

176

La vanidad de los demás repugna a nuestro gusto tan sólo cuando repugna a nuestra vanidad.

177

Quizá nadie haya sido aun suficientemente veraz acerca de lo que es la «veracidad».

178

A los hombres listos no les creemos sus tonterías: ¡qué pérdida de derechos humanos!

179

Las consecuencias de nuestros actos nos agarran por los cabellos, harto indiferentes a que entretanto nosotros nos hayamos «mejorado».

180

Hay una inocencia en la mentira que es señal de que se cree con buena fe en una cosa.

181

Es inhumano bendecir cuando nos han maldecido.

182

La familiaridad del superior resulta amarga porque no es lícito corresponder a ella.

183

«No el que tú me hayas mentido, sino el que yo ya no te crea a ti, eso es lo que me ha hecho estremecer.»

184

Hay una petulancia de la bondad que se presenta como maldad. «Me desagrada.» ¿Por qué? «No estoy a su altura.» ¿Ha respondido así alguna vez alguien?

SECCIÓN QUINTA
PARA LA HISTORIA NATURAL DE LA MORAL

186

El sentimiento moral es ahora en Europa tan sutil, tardío, multiforme, excitable, refinado, como todavía joven, incipiente, torpe y groseramente desmañada es la «ciencia de la moral» que a él corresponde: atractiva antítesis que a veces se encarna y hace visible en la propia persona de un moralista. Ya la expresión «ciencia de la moral» resulta, con respecto a lo designado por ella, demasiado presuntuosa y contraria al buen gusto: el cual suele ser siempre un gusto previo por las palabras más modestas. Deberíamos confesarnos, con todo rigor, qué es lo que aquí necesitamos todavía por mucho tiempo, qué es lo único que provisionalmente está justificado, a saber: recogida de material, formulación y clasificación conceptuales de un inmenso reino de delicados sentimientos y diferenciaciones de valor, que viven, crecen, engendran y perecen, y, acaso, ensayos de mostrar con claridad las configuraciones más frecuentes y que más se repiten de esa viviente cristalización, como preparación de una tipología de la moral. Desde luego: hasta ahora no hemos sido tan modestos. Con una envarada seriedad que hace reír, los filósofos en su totalidad han exigido de sí mismos, desde el momento en que se ocuparon de la moral como ciencia, algo mucho más elevado, más pretencioso, más solemne: han querido la fundamentación de la moral, y todo filósofo ha creído hasta ahora haber fundamentado la moral; la moral misma, sin embargo, era considerada como «dada». ¡Qué lejos quedaba del torpe orgullo de tales filósofos la tarea aparentemente insignificante, y abandonada en el polvo y en el moho, de una descripción, aunque para realizarla es difícil que pudieran resultar bastante finos ni siquiera las manos y los sentidos más finos de todos! Justo porque los filósofos de la moral no conocían los facta [hechos] morales más que de un modo grosero, en forma de un extracto arbitrario o de un compendio fortuito, por ejemplo como moralidad de su ambiente, de su estamento, de su Iglesia, de su espíritu de época, de su clima y de su región, justo porque estaban mal informados e incluso sentían poca curiosidad por conocer pueblos, épocas, tiempos pretéritos, no llegaron a ver en absoluto los auténticos problemas de la moral: los cuales no emergen más que cuando se realiza una comparación de muchas morales. Aunque esto suene muy extraño, en toda «ciencia de la moral» ha venido faltando el problema mismo de la moral: ha faltado suspicacia para percibir que ahí hay algo problemático. Lo que los filósofos llamaban «fundamentación de la moral», exigiéndose a sí mismos realizarla, era tan sólo, si se lo mira a su verdadera luz, una forma docta de la candorosa creencia en la moral dominante, un nuevo medio de expresión de ésta, y, por lo tanto, una realidad de hecho dentro de una moralidad determinada, incluso, en última instancia, una especie de negación de que fuera lícito concebir esa moral como problema: y en todo caso lo contrario de un examen, análisis, cuestionamiento, vivisección precisamente de esa creencia. Escúchese, por ejemplo, con qué inocencia casi venerable plantea Schopenhauer mismo su tarea propia, y sáquense conclusiones sobre la cientificidad de una «ciencia» cuyos últimos maestros continúan hablando como los niños y las viejecillas: «el principio, dice Schopenhauer (pág. 136 de los Problemas fundamentales de la moral), la tesis fundamental, sobre cuyo contenido todos los éticos están propiamente de acuerdo: neminem laede, immo omnes, quantum potes, juva [no dañes a nadie, antes bien ayuda a todos en lo que puedas] ésta es propiamente la tesis que todos los maestros de la ética se esfuerzan en fundamentar..., el auténtico fundamento de la ética, que desde hace milenios se viene buscando como la piedra filosofal». La dificultad de fundamentar la mencionada tesis es, desde luego, grande como es sabido, tampoco Schopenhauer lo consiguió ; y quien alguna vez haya percibido a fondo la falta de gusto, la falsedad y el sentimentalismo de esa tesis en un mundo cuya esencia es voluntad de poder, permítanos recordarle que Schopenhauer, aunque pesimista, propiamente tocaba la flauta... Cada día, después de la comida: léase sobre este punto a su biógrafo. Y una pregunta de pasada: un pesimista, un negador de Dios y del mundo, que se detiene ante la moral, que dice sí a la moral y toca la flauta, a la moral del laede neminem [no dañes a nadie]: ¿cómo?, ¿es propiamente un pesimista?

187

Incluso prescindiendo del valor de afirmaciones tales como «dentro de nosotros hay un imperativo categórico», siempre es posible preguntar todavía: una afirmación así, ¿qué dice acerca de quien la hace? Hay morales que deben justificar a su autor delante de otros; otras morales deben tranquilizarlo y ponerlo en paz consigo mismo; con otras su autor quiere crucificarse y humillarse a sí mismo; con otras quiere vengarse, con otras, esconderse, con otras, transfigurarse y colocarse más allá, en la altura y en la lejanía; esta moral le sirve a su autor para olvidar, aquélla, para hacer que se lo olvide a él o que se olvide alguna cosa; más de un moralista quisiera ejercer sobre la humanidad su poder y su capricho de creador; otros, acaso precisamente también Kant, dan a entender con su moral: «lo que en mí es respetable es el hecho de que yo puedo obedecer, ¡y en vosotros las cosas no deben ser diferentes que en mí!» en una palabra, las morales no son más que una semiótica de los afectos.

188

En contraposición al laisser aller [dejar ir], toda moral es una tiranía contra la «naturaleza», también contra la «razón»: esto no constituye todavía, sin embargo, una objeción contra ella, pues para esto habría que volver a decretar, sobre la base de alguna moral, que no está permitida ninguna especie de tiranía ni de sin razón. Lo esencial e inestimable en toda moral consiste en que es una coacción prolongada: para compren der el estoicismo o Port Royal o el puritanismo recuérdese bajo qué coacción ha adquirido toda lengua hasta ahora vigor y libertad, bajo la coacción métrica, bajo la tiranía de la rima y del ritmo. ¡Cuántos esfuerzos han realizado en cada pueblo los poetas y los oradores! sin exceptuar a algunos prosistas de hoy, en cuyo oído mora una conciencia implacable «por amor a una tontería», como dicen los cretinos utilitaristas, que así se imaginan ser inteligentes, «por sumisión a leyes arbitrarias», como dicen los anarquistas, que así creen ser «libres», incluso espíritus libres. Pero la asombrosa realidad de hecho es que toda la libertad, sutileza, audacia, baile y seguridad magistral que en la tierra hay o ha habido, bien en el pensar mismo, bien en el gobernar o en el hablar y persuadir, en las artes como en las buenas costumbres, se han desarrollado gracias tan sólo a la «tiranía de tales leyes arbitrarias»; y hablando con toda seriedad, no es poca la probabilidad de que precisamente esto sea «naturaleza» y «natural» ¡y no aquel laisser aller [dejar ir]! Todo artista sabe que su estado «más natural», esto es, su libertad para ordenar, establecer, disponer, configurar en los instantes de «inspiración», está muy lejos del sentimiento del dejarse ir, y que justo en tales instantes él obedece de modo muy riguroso y sutil a mil leyes diferentes, las cuales se burlan de toda formulación realizada mediante conceptos, basándose para ello cabalmente en su dureza y en su precisión (comparado con éstas, incluso el concepto más estable tiene algo de fluctuante, multiforme, equívoco). Lo esencial «en el cielo y en la tierra» es, según parece, repitámoslo, el obedecer durante mucho tiempo y en una única dirección: con esto se obtiene y se ha obtenido siempre, a la larga, algo por lo cual merece la pena vivir en la tierra, por ejemplo virtud, arte, música, baile, razón, espiritualidad, algo transfigurador, refinado, loco y divino. La prolongada falta de libertad del espíritu, la desconfiada coacción en la comunicabilidad de los pensamientos, la disciplina que el pensador se imponía de pensar dentro de una regla eclesiástica o cortesana o bajo presupuestos aristotélicos, la prolongada voluntad espiritual de interpretar todo acontecimiento de acuerdo con un esquema cristiano y de volver a descubrir y justificar al Dios cristiano incluso en todo azar, todo ese esfuerzo violento, arbitrario, duro, horrible, anti racional ha mostrado ser el medio a través del cual fueron desarrollándose en el espíritu europeo su fortaleza, su despiadada curiosidad y su sutil movilidad: aunque admitimos que aquí tuvo asimismo que quedar oprimida, ahogada y corrompida una cantidad grande e irreemplazable de fuerza y de espíritu (pues aquí, como en todas partes, «la naturaleza» se muestra tal cual es, con toda su magnificencia pródiga e indiferente, la cual nos subleva, pero es aristocrática). El que durante milenios los pensadores europeos pensasen únicamente para demostrar algo hoy resulta sospechoso, por el contrario, todo pensador que «quiere demostrar algo», el que para ellos estuviera fijo desde siempre aquello que debía salir como resultado de su reflexión más rigurosa, de modo parecido a como ocurría antiguamente, por ejemplo, en la astrología asiática, o a como sigue ocurriendo hoy en la candorosa interpretación moral cristiana de los acontecimientos más próximos y personales, «para gloria de Dios» y «para la salvación del alma»: esta tiranía, esta arbitrariedad, esta rigurosa y grandiosa estupidez son las que han educado el espíritu; al parecer, es la esclavitud, entendida en sentido bastante grosero y asimismo en sentido bastante sutil, el medio indispensable también de la disciplina y la selección espirituales. Examínese toda moral en este aspecto: la «naturaleza» que hay en ella es lo que enseña a odiar el laisser aller, la libertad excesiva, y lo que implanta la necesidad de horizontes limitados, de tareas próximas, lo que enseña el estrechamiento de la perspectiva y por lo tanto, en cierto sentido, la estupidez como condición de vida y de crecimiento. «Tú debes obedecer, a quien sea, y durante largo tiempo: de lo contrario perecerás y perderás tu última estima de ti mismo» éste me parece ser el imperativo moral de la naturaleza, el cual, desde luego, ni es «categórico», como exigía de él el viejo Kant (de ahí el «de lo contrario»), ni se dirige al individuo (¡qué le importa a ella el individuo!), sino a pueblos, razas, épocas, estamentos y, ante todo, al entero animal «hombre», a el hombre.

189

Las razas laboriosas encuentran una gran molestia en soportar la ociosidad: fue una obra maestra del instinto inglés el santificar y volver aburrido el domingo hasta tal punto que el inglés vuelve a anhelar, sin darse cuenta, sus días de semana y de trabajo: como una especie de ayuno inteligentemente inventado, inteligentemente intercalado, del cual pueden verse numerosos ejemplos también en el mundo antiguo (si bien no precisamente con vistas al trabajo, como es obvio en pueblos meridionales). Es necesario que haya ayunos de múltiples especies; y en todas partes donde dominan instintos y hábitos poderosos, los legisladores deben procurar intercalar días en los que tal instinto quede encadenado y aprenda a sentir hambre de nuevo. Vistas las cosas desde un lugar superior, generaciones y épocas enteras, cuando se presentan afecta das de algún fanatismo moral, parecen ser esos tiempos intercalados de coacción y de ayuno durante los cuales un instinto aprende a agacharse y someterse, pero asimismo a purificarse y aguzarse; también algunas sectas filosóficas (por ejemplo, la Estoa en medio de la cultura helenística y de su atmósfera, una atmósfera que estaba sobrecargada de perfumes afrodisíacos y que se había vuelto voluptuosa) permiten semejante interpretación. Esto nos proporciona asimismo una indicación para explicar la paradoja de por qué precisamente en el período más cristiano de Europa, y, en general, sólo bajo la presión de juicios de valor cristianos, el instinto sexual se ha sublimado hasta convertirse en amor (amourpassion [amorpa sión]).

190

Hay en la moral de Platón algo que en propiedad no pertenece a Platón, sino que simplemente se encuentra en su filosofía, a pesar de Platón, podríamos decir, a saber: el socratismo, para el cual Platón era en realidad demasiado aristocrático. «Nadie quiere causarse daño a sí mismo, de ahí que todo lo malo (schlecht) acontezca de manera involuntaria. Pues el hombre malo se causa daño a sí mismo: no lo haría si supiese que lo malo es malo. Según esto, el hombre malo es malo sólo por error; si alguien le quita su error, necesaria mente lo vuelve bueno.» Este modo de razonar huele a plebe, la cual no ve en el obrar mal más que las consecuencias penosas, y propiamente juzga que «es estúpido obrar mal»; mientras que considera sin más que las palabras «bueno» y «útil y agradable» tienen un significado idéntico. En todo utilitarismo de la moral es lícito conjeturar de antemano ese mismo origen y hacer caso a nuestra nariz: rara vez nos equivocaremos. Platón hizo todo lo posible por introducir algo sutil y aristocrático en la interpretación de la tesis de su maestro, introducirse sobre todo a sí mismo, él, el más temerario de todos los intérpretes, que tomó de la calle a Sócrates entero tan sólo como un tema popular y una canción del pueblo, con el fin de hacer sobre él variaciones infinitas e imposibles, a saber: prestándole todas sus máscaras y complejidades propias. Hablando en broma, y, además, a la manera homérica: ¿qué otra cosa es el Sócrates platónico sino πρόσνε Πλάτων ὀπινέν τε Πλάτων μέσση τε Χίμαιρα [Platón por delante, Platón por detrás, y en medio la Quimera]?

191

El viejo problema teológico de «creer» y «saber» o, dicho más claramente, de instinto y razón es decir, la cuestión de si, en lo que respecta a la apreciación del valor de las cosas, el instinto merece más autoridad que la racionalidad, la cual quiere que se valore y se actúe por unas razones, por un «porqué», o sea por una conveniencia y utilidad, continúa siendo aquel mismo viejo problema moral que apareció por vez primera en la persona de Sócrates y que ya mucho antes del cristianismo escindió los espíritus. Sócrates mismo, ciertamente, había comenzado poniéndose, con el gusto de su talento, el gusto de un dialéctico superior de parte de la razón; y en verdad, ¿qué otra cosa hizo durante toda su vida más que reírse de la torpe incapacidad de sus aristocráticos atenienses, los cuales eran hombres de instinto, como todos los aristócratas, y nunca podían dar suficiente cuenta de las razones de su obrar?. Sin embargo, en definitiva Sócrates se reía también, en silencio y en secreto, de sí mismo: ante su conciencia más sutil y ante su fuero interno encontraba en sí idéntica dificultad e idéntica incapacidad. ¡Para qué, decíase, liberarse, por lo tanto, de los instintos! Hay que ayudarles a ellos y también a la razón a ejercer sus derechos, hay que seguir a los instintos, pero hay que persuadir a la razón a que acuda luego en su ayuda con buenos argumentos. Ésta fue la auténtica falsedad de aquel grande y misterioso ironista; logró que su conciencia se diese por satisfecha con una especie de autoengaño: en el fondo se había percatado del elemento irracional existente en el juicio moral. Platón, más inocente en tales asuntos y desprovisto de la picardía del plebeyo, quiso demostrarse a sí mismo, empleando toda su fuerza ¡la fuerza más grande que hasta ahora hubo de emplear un filósofo! que razón e instinto tienden de por sí a una única meta, al bien, a «Dios»; y desde Platón todos los teólogos y filósofos siguen la misma senda, es decir, en cosas de moral ha vencido hasta ahora el instinto, o «la fe», como la llaman los cristianos, o «el rebaño», como lo llamo yo. Habría que excluir a Descartes, padre del racionalismo (y en consecuencia abuelo de la Revolución), que reconoció autoridad únicamente a la razón: pero ésta no es más que un instrumento, y Descartes era superficial.

192

Quien ha seguido la historia de una ciencia particular encuentra en su desarrollo un hilo conductor para comprender los procesos más antiguos y más comunes de todo «saber y conocer»: en uno y otro caso lo primero que se ha

FRIEDRICH NIETZSCHE

desarrollado han sido las hipótesis precipitadas, las fabulaciones, la buena y estúpida voluntad de «creer», la falta de desconfianza y de paciencia, nuestros sentidos aprenden muy tarde, y nunca del todo, a ser órganos de conocimiento sutiles, fieles, cautelosos. A nuestros ojos les resulta más cómodo volver a producir, en una ocasión dada, una imagen producida ya a menudo que retener dentro de sí los elementos divergentes y nuevos de una impresión: esto último exige más fuerza, más «moralidad». Al oído le resulta penoso y difícil oír algo nuevo; una música extraña la oímos mal. Al oír otro idioma intentamos involuntariamente dar a los sonidos escuchados la forma de palabras que tienen para nosotros un sonido más familiar y doméstico: así, por ejemplo, el alemán se formó en otro tiempo, del arcubalista oído por él, la palabra Armbrust [ballesta]. Lo nuevo encuentra hostiles y mal dispuestos también a nuestros sentidos; y, en general, ya en los procesos «más simples» de la sensualidad dominan afectos tales como temor, amor, odio, incluidos los afectos pasivos de la pereza. Así como hoy un lector no lee en su totalidad cada una de las palabras (y mucho menos cada una de las sílabas) de una página antes bien, de veinte palabras extrae al azar unas cinco y «adivina» el sentido que presumiblemente corresponde a esas cinco palabras, así tampoco nosotros vemos un árbol de manera rigurosa y total en lo que respecta a sus hojas, ramas, color, figura; nos resulta mucho más fácil fantasear una aproximación de árbol. Continuamos actuando así aun en medio de las vivencias más extrañas: la parte mayor de la vivencia nos la imaginamos con la fantasía, y resulta difícil forzarnos a no contemplar cualquier proceso como «inventores». Todo esto quiere decir: de raíz, desde antiguo, estamos habituados a mentir.

O para expresarlo de modo más virtuoso e hipócrita, en suma, más agradable: somos mucho más artistas de lo que sabemos. En el curso de una conversación animada yo veo a menudo ante mí de un modo tan claro y preciso el rostro de la persona con quien hablo, según el pensamiento que ella expresa, o que yo creo haber suscitado en ella, que ese grado de claridad supera con mucho la fuerza de mi capacidad visual: la finura del juego muscular y de la expresión de los ojos tiene que haber sido añadida, por lo tanto, por mi imaginación. Probablemente la persona tenía un rostro completamente distinto o, incluso, no tenía ninguno.

193

Quidquid luce fuit, tenebris agit [lo que estuvo en la luz actúa en las tinieblas]: pero también a la inversa. Las vivencias que tenemos mientras soñamos, suponiendo que las tengamos a menudo, acaban por formar parte de la economía global de nuestra alma lo mismo que cualquier otra vivencia «realmente» experimentada: merced a esto somos más ricos o más pobres, sentimos una necesidad más o menos, y, por fin, en ple no día, e incluso en los instantes más joviales de nuestro espíritu despierto, somos llevados un poco en andaderas por los hábitos contraídos en nuestros sueños. Suponiendo que alguien haya volado a menudo en sus sueños y, al final, tan pronto como se pone a soñar cobra consciencia de que la fuerza y el arte de volar son privilegios suyos y constituyen asimismo su felicidad más propia y envidiable: ese alguien, que cree poder realizar toda especie de curvas y de ángulos con un impulso ligerísimo, que conoce el sentimiento de cierta ligereza divina, un «hacia arriba» sin tensión ni coacción, un «hacia abajo» sin rebajamiento ni humillación ¡sin pesadez! ¡cómo un hombre que ha tenido tales experiencias y contraído tales hábitos en sus sueños no va a terminar encontrando que la palabra «felicidad» tiene un color y un significado distintos, incluso para su día despierto!, ¿cómo no va a aspirar a la felicidad de modo distinto? En comparación con aquel «volar», el «vuelo» que los poetas describen tiene que parecerle demasiado terrestre, muscular, vio lento, demasiado «pesado».

194

La diversidad de los seres humanos se muestra no sólo en la diversidad de sus tablas de bienes, es decir, en el hecho de que consideren deseables bienes distintos y estén en desacuerdo entre sí también sobre el valor mayor o menor, sobre la jerarquía de los bienes reconocidos por todos: esa diversidad se muestra más todavía en lo que consideran qué es tener y poseer realmente un bien. En lo que se refiere a una mujer, por ejemplo, el más modesto considera ya que disponer de su cuerpo y gozar sexualmente de él constituyen indicio suficiente y satisfactorio del tener, del poseer; otro, acuciado por una sed más suspicaz y más exigente de posesión, ve «el signo de interrogación», el carácter meramente aparente de tal tener, y quiere pruebas más sutiles, ante todo para saber si la mujer no sólo se entrega a él, sino que también deja por él lo que tiene o le gustaría tener : sólo así la considera «poseída». Pero un tercero tampoco ha llegado aún con eso al final de su desconfianza y de su voluntad de tener, éste se pregunta si la mujer, cuando deja todo por él, no lo hace por un fantasma de él: quiere primero ser bien conocido a fondo, conocido incluso en sus abismos, para poder ser en absoluto amado, él se atreve a dejarse adivinar. Siente que la amada está completamente en posesión suya tan sólo cuando la amada ya no se engaña sobre él, cuando lo ama por su condición diabólica y su oculta insaciabilidad tanto como por su bondad, paciencia y espiritualidad. Hay quien querría poseer un pueblo: y para esa finalidad le parecen bien todas las artes superiores de Cagliostro y de Catilina. Otro, con una sed más sutil de posesión, se dice: «no es lícito engañar cuando se quiere poseer», se siente irritado e impaciente al pensar que es una máscara de él la que manda sobre el corazón del pueblo: «¡por lo tanto, tengo que dejarme conocer y, primero, conocerme a mí mismo!» Entre hombres serviciales y benéficos encontramos de modo casi regular aquel torpe ardid consistente en formarse una idea corregida de la persona a que se trata de ayudar: pensando, por ejemplo, que ésta «merece» ayuda, que anhela precisamente su ayuda, y que se mostrará profundamente agradecida, adicta y sumisa a ellos por toda su ayuda, con estas fantasías disponen de los necesitados como de una propiedad suya, al igual que son hombres benéficos y serviciales por un anhelo de propiedad. Los encontramos celosos cuando nos cruzamos con ellos o nos adelantamos a ellos en el prestar ayuda. Los padres hacen involuntariamente del hijo algo semejante a ellos a esto lo llaman «educación» , ninguna madre duda, en el fondo de su corazón, de que al dar a luz al hijo ha dado a luz una propiedad suya, ningún padre discute el derecho de que le sea lícito someterlo a sus conceptos y valoraciones. Incluso en otros tiempos a los padres parecíales justo el disponer a su antojo de la vida y la muerte del recién nacido (como ocurría entre los antiguos alemanes).

Y al igual que el padre, también ahora el maestro, el estamento, el sacerdote, el príncipe continúan viendo en cada nuevo ser humano una ocasión cómoda de adquirir una nueva posesión. De lo cual se sigue...

195

Los judíos un pueblo «nacido para la esclavitud», como dicen Tácito y todo el mundo antiguo, «el pueblo elegido entre los pueblos», como dicen y creen ellos mismos los judíos han llevado a efecto aquel prodigio de inversión de los valores gracias al cual la vida en la tierra ha adquirido, para unos cuantos milenios, un nuevo y peligroso atractivo: sus profetas han fundido, reduciéndolas a una sola, las palabras «rico», «ateo», «malvado», «violento», «sensual», y han transformado por vez primera la palabra «mundo» en una palabra infamante. En esa inversión de los valores (de la que forma parte el emplear la palabra «pobre» como sinónimo de «santo» y «amigo») reside la importancia del pueblo judío: con él comienza la rebelión de los esclavos en la moral.

196

Hay al lado del sol innumerables cuerpos oscuros que hemos de inferir, aquellos que no veremos nunca. Esto es, dicho entre nosotros, un símil; y un psicólogo de la moral lee la escritura entera de las estrellas tan sólo como un lenguaje de símiles y de signos que permite silenciar muchas cosas.

197

Se malentiende de modo radical al animal de presa y al hombre de presa (por ejemplo, a César Borgia), se malentiende la «naturaleza» mientras se continúe buscando una «morbosidad» en el fondo de esos monstruos y plantas tropicales, los más sanos de todos, o hasta un «infierno» congénito a ellos: cosa que han hecho hasta ahora casi todos los moralistas 81. ¿No parece como que hay en éstos un odio contra la selva virgen y contra los trópicos? ¿Y que el «hombre tropical» tiene que ser desacreditado a cualquier precio, presentándolo, bien como enfermedad y degeneración del hombre, bien como infierno y auto suplicio propios? ¿Por qué? ¿A favor de las «zonas templadas»? ¿A favor de los hombres templados? ¿De los «mora les»? ¿De los mediocres? Esto, para el capítulo «moral como forma de miedo».

198

Todas esas morales que se dirigen a la persona individual para procurarle su «felicidad», según se dice, qué otra cosa son que propuestas de comportamiento en relación con el grado de peligrosidad en que la persona individual vive a causa de sí misma; recetas contra sus pasiones, sus inclinaciones buenas y malas, dado que éstas tienen voluntad de poder y quisieran desempeñar el papel de señor; ardides y artificios pequeños y grandes que desprenden el rancio olor propio de viejos remedios caseros y de una sabiduría de viejas; todas ellas barrocas e irracionales en la forma porque se dirigen a «todos», porque generalizan donde no es lícito generalizar , todas ellas hablando en un tono incondicional, tomándose a sí mismas como algo incondicional, todas ellas condimentadas no sólo con un único grano de sal, antes bien tolerables y a veces hasta seductoras sólo cuando aprenden a oler a algo exageradamente condimentado y peligroso, a oler principalmente «al otro mundo»: intelectualmente considerado, todo esto es poco valioso, y no es aún, ni de lejos, «ciencia», y mucho menos «sabiduría», sino, dicho por segunda y por tercera vez, listeza, listeza, listeza, mezclada con estupidez, estupidez, estupidez, ya se trate de aquella indiferencia y aquella frialdad de estatuas frente a la ardorosa necedad de los afectos que los estoicos aconsejaban y prescribían como medicina; ya de aquel dejar de reír y dejar de llorar de Spinoza, su tan ingenuamente preconizada destrucción de los afectos mediante su análisis y vivisección; ya de aquel abatimiento de los afectos que los reduce a una inocua mediocridad, en la cual es lícito satisfacerlos, el aristotelismo de la moral; ya, incluso, de la moral entendida como goce de los afectos, pero intencionadamente atenuados y espiritualizados por medio del simbolismo del arte, entendida, por ejemplo, como música, o como amor a Dios, o como amor a los hombres por amor a Dios pues en la religión las pasiones vuelven a tener derecho de ciudadanía, su poniendo que...; ya se trate, finalmente, incluso de aquella condescendiente y traviesa entrega a los afectos enseñada por Hafis y por Goethe, de aquel audaz dejar sueltas las riendas, de aquella corporal-espiritual licencia morum [licencia de las costumbres] en el caso excepcional de estrafalarios y borrachos viejos y sabios, en los cuales «representa ya poco peligro». También esto, para el capítulo «moral como forma de miedo».

199

Dado que, desde que hay hombres ha habido también en todos los tiempos rebaños humanos (agrupaciones familiares, comunidades, estirpes, pueblos, Estados, Iglesias), y que siempre los que han obedecido han sido muchísimos en relación con el pequeño número de los que han mandado, teniendo en cuenta, por lo tanto, que la obediencia ha sido hasta ahora la cosa mejor y más prolongadamente ensayada y cultivada entre los hombres, es lícito presuponer en justicia que, hablando en general, cada uno lleva ahora innata en sí la necesidad de obedecer, cual una especie de conciencia formal que ordena: «se trate de lo que se trate, debes hacerlo incondicionalmente, o abstenerte de ello incondicionalmente», en pocas palabras, «tú debes». Esta necesidad sentida por el hombre intenta saturarse y llenar su forma con un contenido; en esto, de acuerdo con su fortaleza, su impaciencia y su tensión, esta necesidad actúa de manera poco selectiva, como un apetito grosero, y acepta lo que le grita al oído cualquiera de los que mandan padres, maestros, leyes, prejuicios estamentales, opiniones públicas. La extraña limitación del desarrollo humano, el carácter indeciso, lento, a menudo regresivo y tortuoso de ese desarrollo descansa en el hecho de que el instinto gregario de obediencia es lo que mejor se hereda, a costa del arte de mandar. Si imaginamos ese instinto llevado hasta sus últimas aberraciones, al foral faltarán hombres que manden y que sean independientes, o éstos sufrirán interiormente de mala conciencia y tendrán necesidad, para poder mandar, de simularse a sí mismos un engaño, a saber: el de que también ellos se limitan a obedecer. Ésta es la situación que hoy se da de hecho en Europa: yo la llamo la hipocresía moral de los que mandan. No saben protegerse contra su mala conciencia más que adoptando el aire de ser ejecutores de órdenes más antiguas o más elevadas (de los antepasados, de la Constitución, del derecho, de las leyes o hasta de Dios), o incluso tomando en préstamo máximas gregarias al modo de pensar gregario, presentándose, por ejemplo, como los «primeros servidores de su pueblo» o como «instrumentos del bien común». Por otro lado, hoy en Europa el hombre gregario presume de ser la única especie permitida de hombre y ensalza sus cualidades, que lo hacen dócil, conciliador y útil al rebaño, como las virtudes auténticamente humanas, es decir: espíritu comunitario, benevolencia, deferencia, diligencia, moderación, modestia, indulgencia, compasión. Y en aquellos casos en que se cree que no es posible prescindir de jefes y carneros guías, hácense hoy ensayos tras ensayos de reemplazar a los hombres de mando por la suma acumulativa de listos hombres de rebaño: tal es el origen, por ejemplo, de todas las Constituciones representativas. Qué alivio tan grande, qué liberación de una presión que se volvía insoportable constituye, a pesar de todo, para estos europeos animales de rebaño la aparición de un hombre que mande incondicionalmente, eso es cosa de la cual nos ha dado el último gran testimonio la in fluencia producida por la aparición de Napoleón: la historia de la influencia de Napoleón es casi la historia de la felicidad superior alcanzada por todo este siglo en sus hombres y en sus instantes más valiosos.

200

El hombre perteneciente a una época de disolución, la cual mezcla unas razas con otras, el hombre que, por ser tal, lleva en su cuerpo la herencia de una ascendencia multiforme, es decir, instintos y criterios de valor antitéticos y, a menudo, ni siquiera sólo antitéticos, que se combaten recíprocamente y raras veces se dan descanso, tal hombre de las culturas tardías y de las luces refractadas será de ordinario un hombre bastante débil: su aspiración más radical consiste en que la guerra que él es finalice alguna vez; la felicidad se le presenta ante todo, de acuerdo con una medicina y una mentalidad tranquilizantes (por ejemplo, epicúreas o cristianas), como la felicidad del reposo, de la tranquilidad, de la saciedad, de la unidad final, como «sábado de los sábados», para decirlo con el santo retórico Agustín, que era, él mismo, uno de esos hombres. Si, en cambio, la antítesis y la guerra actúan en una naturaleza de ese género como un atractivo y un estimulante más de la vida, y si, por otro lado, una auténtica maestría y sutileza en el guerrear consigo mismo, es decir, en el dominarse a sí mismo, en el engañarse a sí mismo, se añaden, por herencia y por crianza, a sus instintos poderosos e inconciliables: entonces surgen aquellos seres mágicamente inaprehensibles e inimaginables, aquellos hombres enigmáticos predestinados a vencer y a seducir, cuya expresión más bella son Alcibíades y César (a quienes me gustaría añadir aquel que fue, para mi gusto, el primer europeo, Federico II Hohenstaufen), y, entre artistas, tal vez Leonardo da Vinci.

Ellos aparecen cabalmente en las mismas épocas en que ocupa el primer plano aquel tipo más débil, con su deseo de reposo: ambos tipos se hallan relacionados entre sí y surgen de causas idénticas.

201

Mientras la utilidad que domine en los juicios morales de valor sea sólo la utilidad del rebaño, mientras la mirada esté dirigida exclusivamente a la conservación de la comunidad, y se busque lo inmoral precisa y exclusivamente en lo que parece peligroso para la subsistencia de la comunidad: mientras esto ocurra, no puede haber todavía una «moral del amor al prójimo». Aun suponiendo que aquí exista también ya un pequeño y constante ejercicio del respeto, de la compasión, de la equidad, de la dulzura, de la reciprocidad en el prestar auxilio, aun suponiendo que en ese estado de la sociedad actúen ya todos aquellos instintos a los que más tarde se les da el honroso nombre de «virtudes» y que, al final, casi coinciden con el concepto de «moralidad»: en esa época tales cosas no forman aún parte, en modo alguno, del reino de las valoraciones morales todavía son extra morales. En la mejor época romana, a una acción compasiva, por ejemplo, no se la califica ni de buena ni de malvada, ni de moral ni de inmoral: e incluso cuando se la alaba, con tal alabanza continúa siendo perfectamente compatible una especie de involuntario menosprecio, a saber, tan pronto como se la compara con cualquier acción que sirva al fomento del todo, de la res publica [cosa pública]. En definitiva, el «amor al prójimo» es siempre, con relación al temor al prójimo, algo secundario, algo parcialmente convencional y aparente arbitrario. Cuando la estructura de la sociedad en su conjunto ha quedado consolidada y parece asegurada contra peligros exteriores, es este temor al prójimo el que vuelve a crear nuevas perspectivas de valoración moral. Ciertos instintos fuertes y peligrosos, como el placer de acometer empresas, la audacia loca, el ansia de venganza, la astucia, la rapacidad, la sed de poder, que hasta ahora tenían que ser no sólo honrados bajo nombres distintos, como es obvio, a los que acabamos de escoger , sino desarrollados y cultivados en un sentido de utilidad colectiva (porque cuando el todo estaba en peligro se tenía constante necesidad de ellos para defenderse contra los enemigos del todo), son sentidos a partir de ahora, con reduplicada fuerza, como peligrosos ahora, cuando faltan los canales de derivación para ellos y paso a paso son tachados de inmorales y entregados a la difamación. Los instintos e inclinaciones antitéticos de ellos alcanzan ahora honores morales; el instinto de rebaño saca paso a paso su consecuencia. El grado mayor o menor de peligro que para la comunidad, que para la igualdad hay en una opinión, en un estado de ánimo y un afecto, en una voluntad, en un don, eso es lo que ahora constituye la perspectiva moral: también aquí el miedo vuelve a ser el padre de la moral. Cuando los instintos más elevados y más fuertes, irrumpiendo apasionadamente, arrastran al individuo más allá y por encima del término medio y de la hondonada de la conciencia gregaria, entonces el sentimiento de la propia dignidad de la comunidad se derrumba, y su fe en sí misma, su espina dorsal, por así decirlo, se hace pedazos: en consecuencia, a lo que más se estigmatizará y se calumniará será cabalmente a tales instintos. La espiritualidad elevada e independiente, la voluntad de estar solo, la gran razón son ya sentidas como peligro; todo lo que eleva al in dividuo por encima del rebaño e infunde temor al prójimo es calificado, a partir de este momento, de malvado (böse); los sentimientos equitativos, modestos, sumisos, igualitaristas, la mediocridad de los apetitos alcanzan ahora nombres y honores morales. Finalmente, en situaciones de mucha paz faltan cada vez más la ocasión y la necesidad de educar nuestro propio sentimiento para el rigor y la dureza; y ahora todo rigor, incluso en la justicia, comienza a molestar a la conciencia; una aristocracia y una autorresponsabilidad elevadas y duras son cosas que casi ofenden y que despiertan desconfianza, «el cordero» y, más todavía, «la oveja» ganan en consideración. Hay un punto en la historia de la sociedad en el que el reblandecimiento y el languidecimiento enfermizos son tales que ellos mismos comienzan a tomar partido a favor de quien los perjudica, a favor del criminal, y lo hacen, desde luego, de manera seria y honesta. Castigar: eso les parece inicuo en cierto sentido, la verdad es que la idea del «castigo» y del «deber castigar» les causa daño, les produce miedo.

«¿No basta con volver no peligroso al criminal? ¿Para qué castigarlo además? ¡El castigar es cosa terrible!» la moral del rebaño, la moral del temor, saca su última consecuencia con esa interrogación. Suponiendo que fuera posible llegar a eliminar el peligro, el motivo de temor, entonces se habría eliminado también esa moral: ¡ya no sería necesaria, ya no se consideraría a sí misma necesaria! Quien examine la conciencia del europeo actual habrá de extraer siempre, de mil pliegues y escondites morales, idéntico imperativo, el imperativo del temor gregario: «¡queremos que alguna vez no haya ya nada que temer!» Alguna vez la voluntad y el camino que conduce hacia allá llámanse hoy, en todas partes de Eu ropa, «progreso».

202

Apresurémonos a repetir algo que hemos dicho ya cien veces: pues hoy los oídos no escuchan de buen grado tales verdades nuestras verdades. Sabemos ya suficientemente cuán ofensivo resulta oír que alguien incluya al hombre, de manera franca y sin metáforas, entre los animales; pero a nosotros se nos achaca casi como una culpa el que empleemos constantemente, justo con relación a los hombres de las «ideas modernas», las expresiones «rebaño», «instintos gregarios» y otras semejantes. ¡Qué importa! No podemos obrar de otro modo, pues precisamente en esto consiste nuestro nuevo modo de ver las cosas. Hemos encontrado que Europa, incluidos aquellos países en que el influjo de Europa es dominante, se ha vuelto unánime en todos los juicios morales capitales: en Europa se sabe evidentemente aquello que Sócrates decía no saber y que la vieja y famosa serpiente prometió un día enseñar, se «sabe» hoy qué es el bien y qué es el mal. Por ello tiene que sonar duro y llegar mal a los oí dos el que nosotros insistamos una y otra vez en esto: es el instinto del animal gregario hombre el que aquí cree saber, el que aquí, con sus alabanzas y sus censuras, se glorifica a sí mismo, se califica de bueno a sí mismo: ese instinto ha logrado irrumpir, preponderar, predominar sobre todos los demás instintos, y continúa lográndolo cada vez más, a medida que crecen la aproximación y el asemejamiento fisiológicos, de los cuáles él es síntoma. La moral es hoy en Europa moral de animal de rebaño: por lo tanto, según entendemos nosotros las cosas, no es más que una especie de moral humana, al lado de la cual, delante de la cual, detrás de la cual son o deberían ser posibles otras muchas morales, sobre todo morales superiores. Contra tal «posibilidad», contra tal «deberían», se defiende esa moral, sin embargo, con todas sus fuerzas: ella dice con obstinación e inflexibilidad: «¡yo soy la moral misma, y no hay ninguna otra moral!» incluso se ha llegado, con ayuda de una religión que ha estado a favor de los deseos más sublimes del animal de rebaño y los ha adulado, se ha llegado a que nosotros mismos encontremos una expresión cada vez más visible de esa moral en las instituciones políticas y sociales: el movimiento democrático constituye la herencia del movimiento cristiano. Ahora bien, que el tempo [ritmo] de aquel movimiento les resulta todavía demasiado lento y somnoliento a los más impacientes, a los enfermos e intoxicados del mencionado instinto, atestiguan los aullidos cada vez más furiosos, los rechinamientos de dientes cada vez menos disimulados de los perros anarquistas que ahora rondan por las calles de la cultura europea: en antítesis aparentemente a los tranquilos y laboriosos demócratas e ideó logos de la Revolución, y más todavía a los filosofastros cretinos y los ilusos de la fraternidad que se llaman a sí mismos socialistas y quieren la «sociedad libre», pero que en verdad coinciden con todos aquéllos en su hostilidad radical e instintiva a toda forma de sociedad diferente de la del rebaño autónomo (hasta llegar a rechazar incluso los conceptos de «señor» y de «siervo» ni dieu ni maitre [ni Dios, ni amo], dice una fórmula socialista); coinciden en la tenaz resistencia contra toda pretensión especial, contra todo derecho especial y todo privilegio (y esto significa, en última instancia, contra todo derecho: pues cuando todos son iguales, ya nadie necesita «derechos»); coinciden en la desconfianza contra la justicia punitiva (como si ésta fuera una violencia ejercida sobre el más débil, una injusticia frente a la necesaria consecuencia de toda sociedad anterior); pero también coinciden en la religión de la compasión, en la simpatía, con tal de que se sienta, se viva, se sufra (hasta descender al animal, hasta elevarse a «Dios»: la aberración de una «compasión para con Dios» es propia de una época democrática); coinciden todos ellos en el clamor y en la impaciencia de la compasión, en el odio mortal al sufrimiento en cuanto tal, en la incapacidad casi femenina para poder presenciarlo como espectador, para poder hacer sufrir; coinciden en el ensombrecimiento y reblandecimiento involuntarios bajo cuyo hechizo parece amenazada Europa por un nuevo budismo; coinciden en la creencia en la moral de la compasión comunitaria, como si ésta fuera la moral en sí, la cima, la alcanzada cima del hombre, la única esperanza del futuro, el consuelo de los hombres de hoy, la gran redención de toda culpa de otro tiempo: coinciden todos ellos en la creencia de que la comunidad es la redentora, por lo tanto, en la fe en el rebaño, en la fe en «sí mismos»...

203

Nosotros los que somos de otra fe, nosotros los que consideramos el movimiento democrático no meramente como una forma de decadencia de la organización política, sino como forma de decadencia, esto es, de empequeñecimiento, del hombre, como su mediocrización y como su rebajamiento de valor, ¿adónde tendremos que acudir nosotros con nuestras esperanzas? A nuevos filósofos, no queda otra elección; a espíritus suficientemente fuertes y originarios como para empujar hacia valoraciones contrapuestas y para transvalorar, para invertir «valores eternos»; a precursores, a hombres del futuro, que aten en el presente la coacción y el nudo, que coaccionen a la voluntad de milenios a seguir nuevas vías. Para enseñar al hombre que el futuro del hombre es voluntad suya, que depende de una voluntad humana, y para preparar grandes riesgos y ensayos globales de disciplina y selección destinados a acabar con aquel horrible dominio del absurdo y del azar que hasta ahora se ha llamado «historia» el absurdo del «número máximo» es tan sólo su última forma : para esto será necesaria en cierto momento una nueva especie de filósofos y de hombres de mando, cuya imagen hará que todos los espíritus ocultos, terribles y benévolos que en la tierra han existido aparezcan sin duda pálidos y enanos. La imagen de tales jefes es la que se cierne ante nuestros ojos: ¿me es lícito decirlo en voz alta, espíritus libres? Las circunstancias que en parte habría que crear y en parte habría que aprovechar para que aquéllos surjan; las sendas y pruebas presumibles mediante las cuales un alma ascendería hasta una altura y poder tales que sintiese la coacción de realizar tales tareas; una transvaloración de los valores bajo cuya presión y martillo nuevos se templaría una conciencia, se transformaría en bronce un corazón, de modo que soportase el peso de semejante responsabilidad; por otro lado, la necesidad de tales jefes, el espantoso peligro de que puedan faltar o malograrse o degenerar éstas son nuestras auténticas preocupaciones y ensombrecimientos, ¿lo sabéis, espíritus libres?, éstos son los pensamientos y borrascas pesados y lejanos que atraviesan el cielo de nuestra vida. Existen pocos dolores tan agudos como el haber visto, el haber adivinado, el haber sentido alguna vez cómo un hombre extraordinario se apartaba de su senda y degeneraba: pero quien posee los raros ojos que permiten ver el peligro global de que «el hombre» mismo degenere, quien, como nosotros, ha conocido la monstruosa azarosidad que hasta ahora ha jugado su juego en lo que respecta al futuro del hombre ¡un juego en el que no intervenía ninguna mano y ni siquiera un «dedo de Dios»! , quien adivina la fatalidad que se oculta en la idiota inocuidad y credulidad de las «ideas modernas», y más todavía en toda la moral europeo cristiana: ése padece una ansiedad con la que ninguna otra es comparable, él abarca, en efecto, de una sola mirada todo aquello que, con una favorable concentración e incremento de fuerzas y de tareas, podría sacarse del hombre mediante su selección, él sabe, con todo el saber de su conciencia, cómo el hombre no está aún agotado para las posibilidades máximas, y con cuánta frecuencia el tipo hombre se ha encontrado ya frente a decisiones misteriosas y frente a nuevos caminos: y sabe más todavía, por su dolorosísimo recuerdo, contra qué cosas miserables ha chocado hasta ahora de ordinario un ser de rango supremo en su evolución, naufragando, rompiéndose, deshaciéndose, hundiéndose, volviéndose miserable. La degeneración global del hombre, hasta rebajarse a aquello que hoy les parece a los cretinos y majaderos socialistas su «hombre del futuro», ¡su ideal! esa degeneración y empequeñecimiento del hombre en completo animal de rebaño (o, como ellos dicen, en hombre de la «sociedad libre», esa animalización del hombre hasta convertirse en animal enano dotado de igualdad de derechos y exigencias son posibles, ¡no hay duda! Quien ha pensado alguna vez hasta el final esa posibilidad conoce una náusea más que los demás hombres, ¡y tal vez también una nueva tarea!....

SECCIÓN SEXTA
NOSOTROS LOS DOCTOS

204

A riesgo de que el moralizar manifieste ser también aquí lo que siempre ha sido a saber, un intrépido mon trerses plaies [mostrar las propias llagas], según Balzac, yo me atrevería a oponerme a un indebido y pernicioso desplazamiento de rango que hoy, de manera completamente inadvertida y como con la mejor con ciencia, amenaza con establecerse entre la ciencia y la filosofía. Quiero decir que, partiendo de nuestra experiencia, ¿experiencia significa siempre, según me parece a mí, mala experiencia? hemos de tener derecho a intervenir en la discusión sobre esa elevada cuestión de rango: para no hablar como hablan del color los ciegos o como hablan contra la ciencia las mujeres y los artistas («¡ay, esa perversa ciencia!», suspiran el instinto y el pudor de las mujeres y de los artistas, «¡ella averigua siempre lo que hay detrás de las cosas!»). La declaración de independencia del hombre científico, su emancipación de la filosofía, constituye una de las repercusiones más sutiles del orden y desorden democráticos: por todas partes la auto glorificación y auto exaltación del docto encuéntranse hoy en pleno florecimiento y en su mejor primavera, con lo cual no queremos decir que en este caso la alabanza de sí mismo huela de modo agradable. «¡Nada de dueños!» eso es lo que quiere también aquí el instinto del hombre plebeyo; y después de que la ciencia se ha liberado, con el más feliz éxito, de la teología, de la cual fue «sierva» durante mucho tiempo, aspira ahora con completa altanería e insensatez a dictar leyes a la filosofía y a representar ella por su parte el papel de «señor» ¡qué digo!, de filósofo. Mi memoria ¡memoria de un hombre científico, permítaseme decirlo! rebosa de las ingenuidades, basadas en la soberbia, que sobre la filosofía y los filósofos he oído decir a los jóvenes investigadores de la naturaleza y a los viejos médicos (para no hablar de los más cultos y más engreídos de todos los doctos, los filólogos y pedagogos, que son ambas cosas por profesión). Unas veces era el especialista y mozo de esquina el que instintivamente se ponía en guardia contra las tareas y capacidades sintéticas; otras, el trabajador diligente el que había percibido un olor de otium [ocio] y de aristocrática exuberancia en la economía psíquica del filósofo, y que por ello se sentía menoscabado y empequeñecido. Otras veces era ese daltonismo del hombre utilitario que no ve en la filosofía más que una serie de sistemas refutados y un lujo derrochador que a nadie «aprovecha». Otras, lo que resaltaba era el miedo a una mística disfrazada y a una rectificación de las fronteras del conocer; a veces era la desestimación de algunas filosofías la que se había generalizado arbitrariamente, convirtiéndose en desestimación de la filoso fía misma. Con muchísima frecuencia, en fin, encontré en jóvenes doctos, detrás del soberbio menosprecio de la filosofía, la perversa repercusión de un filósofo, al cual se le había negado ciertamente obediencia en conjunto, pero sin haber escapado al hechizo de sus despreciativas valoraciones de otros filósofos: lo que tenía como resultado una disposición global de ánimo opuesta a toda filosofía. (Tal me parece ser, por ejemplo, la repercusión de Schopenhauer sobre la Alemania más reciente: con su poco inteligente furia contra Hegel ha conseguido que la última generación entera de alemanes se separe de la conexión con la cultura alemana, cultura que, bien sopesadas todas las cosas, ha representado una cima y una sutileza adivinatoria del sentido histórico: pero Schopenhauer mismo era, justo en este punto, tan pobre, tan poco receptivo, tan poco alemán, que llegaba a la genialidad.) Hablando en general, acaso haya sido principalmente lo humano, demasiado humano, en suma, la miseria misma de los filósofos recientes lo que de modo más radical haya dañado al respeto a la filosofía y haya abierto las puertas al instinto del hombre de la plebe. Confesémonos, pues, hasta qué punto le falta a nuestro mundo moderno la especie entera de los Heráclitos, Platones, Empédocles y como se hayan llamado todos esos regios y magníficos eremitas del espíritu; y con cuánta razón, a la vista de los representantes de la filosofía que hoy, gracias a la moda, están tanto por encima como por debajo en Alemania, por ejemplo, los dos leones de Berlín, el anarquista Eugen Dühring y el amalgamista Eduard von Hartmann, le es lícito a un honesto hombre de ciencia sentirse de una especie y una ascendencia mejores. Es en especial el espectáculo de esos filósofos del revoltijo que a sí mismos se denominan «filósofos de la realidad» o «positivistas» lo que consigue introducir una peligrosa desconfianza en el alma de un docto joven, ambicioso: éstos son, en efecto, en el mejor de los casos, doctos y especialistas, ¡eso se palpa! éstos son, en efecto, todos ellos, hombres vencidos y sometidos de nuevo al dominio de la ciencia, que alguna vez han querido de sí algo más, sin tener derecho a ese «más» y a la responsabilidad de ese «más» y que ahora, honorables, furiosos, vengativos, representan con sus palabras y sus hechos la falta de fe en la tarea señorial y en la soberanía de la filosofía. En fin: ¡cómo podría ser de otro modo!

Hoy la ciencia florece y muestra en su rostro con abundancia la buena conciencia, mientras que aquello a lo que ha venido a parar poco a poco toda la filosofía alemana reciente, ese residuo de filosofía de hoy suscita contra sí desconfianza y fastidio, cuando no burla y compasión. La filosofía reducida a «teoría del conocimiento», y que ya no es de hecho más que una tímida epojística y doctrina de la abstinencia: una filosofía que no llega más que hasta el umbral y que se prohíbe escrupulosamente el derecho a entrar ésa es una filosofía que está en las últimas, un final, una agonía, algo que produce compasión. ¡Cómo podría semejante filosofía dominar!

205

Los peligros que amenazan al desarrollo del filósofo son hoy en verdad tan múltiples que se dudaría de que ese fruto pueda llegar aún en absoluto a madurar. La extensión de las ciencias, la torre construida por ellas han crecido de modo gigantesco, con lo cual ha aumentado también la probabilidad de que el filósofo se canse ya mientras aprende o se deje retener en un lugar cualquiera y «especializarse»: de modo que no llegue ya en absoluto hasta su altura, es decir, que no tenga una mirada desde arriba, a la redonda, hacia abajo. O que llegue arriba demasiado tarde, cuando ya su mejor época y su mejor fuerza han pasado; o que llegue dañado, embrutecido, degenerado, de modo que su mirada, su juicio global de valor signifiquen ya poco. Acaso sea precisamente la finura de su conciencia intelectual lo que le haga dudar en el camino y retrasarse; tiene miedo de la seducción que lo incita a convertirse en diletante, en ciempiés y en ciententáculos, sabe demasiado bien que quien se ha perdido el respeto a sí mismo no es ya, tampoco en cuanto hombre de conocimiento, el que manda, el que guía: tendría, pues, que querer convertirse en el gran comedian te, en el Cagliostro y cazarratas filosófico de los espíritus, en suma, en seductor. Ésta es, en última instancia, una cuestión de conciencia. A lo cual se añade, para redoblar todavía más la dificultad del filósofo, que éste se exige a sí mismo dar un juicio, un sí o un no, no sobre las ciencias, sino sobre la vida y el valor de la vida, que le cuesta aprender a creer que él tenga derecho o incluso deber de pronunciar ese juicio, y que sólo partiendo de las vivencias más extensas acaso las más perturbadoras, las más destructoras y a menudo vacilando, dudando, enmudeciendo, es como él tiene que buscar su camino hacia ese juicio y esa creencia. De hecho durante largo tiempo la multitud no ha comprendido al filósofo y lo ha confundido con otros, bien con el hombre científico y con el docto ideal, bien con el iluso y ebrio de Dios, religiosamente elevado, desensualizado, «desmundanizado»; y cuando hoy oímos que se alaba a alguien diciendo que vive «sabiamente» o «como un filósofo», eso no significa casi nada más que vive «de modo inteligente y apartado». Sabiduría: a la plebe le parece la sabiduría una especie de huida, un medio y artificio para escapar bien a un mal juego; pero el filósofo verdadero ¿no nos parece así a nosotros, amigos míos? vive de manera «no filosófica» y «no sabía», sobre todo de manera no inteligente, y siente el peso y deber de cien tentativas y tentaciones de la vida: se arriesga a sí mismo constantemente, juega el juego malo...

206

En relación con un genio, es decir, con un ser que o bien fecunda a otro, o bien da a luz él, tomadas ambas expresiones en su máxima extensión, el docto, el hombre de ciencia medio, tiene siempre algo de solterona: pues, como ésta, no entiende nada de las dos funciones más valiosas del ser humano. De hecho a ambos, a doctos y a solteronas, a modo de indemnización, por así decirlo, se les reconoce respetabilidad se subraya en estos casos la respetabilidad, y la forzosidad de ese reconocimiento proporciona idéntica dosis de fastidio. Miremos las cosas con más detalle: ¿qué es el hombre científico? Por lo pronto, una especie no aristocrática de hombre, con las virtudes de una especie no aristocrática de hombre, es decir, no dominante, no autoritaria y tampoco contenta de sí misma: el hombre científico tiene laboriosidad, paciencia para ocupar su sitio en la fila, regularidad y mesura en sus capacidades y necesidades, tiene el instinto para reconocer cuáles son sus iguales y qué es lo que sus iguales necesitan, por ejemplo aquella dosis de independencia y de prado verde sin la cual no hay tranquilidad en el trabajo, aquella pretensión de que se lo honre y reconozca (la cual presupone primero y ante todo conocimiento, cognoscibilidad), aquel rayo de sol de un buen nombre, aquella constante insistencia en su valor y en su utilidad, con la que es necesario superar una y otra vez la desconfianza íntima que hay en el fondo del corazón de todos los hombres dependientes y animales de rebaño. El docto tiene también, como es obvio, las enfermedades y defectos de una especie no aristocrática: tiene mucha envidia pequeña y posee un ojo de lince para ver cuánto de bajo hay en las naturalezas a cuyas alturas él no puede ascender, es confiado, mas sólo como uno que se deja ir paso a paso, pero no fluir como una corriente; y justo frente al hombre de la gran corriente adopta el docto una actitud tanto más fría y cerrada, su ojo es entonces como un lago liso y disgustado en el cual ya no aparece la onda de ningún embeleso, de ninguna simpatía. Las cosas peores y más peligrosas que un docto es capaz de hacer le vienen del instinto de mediocridad de su especie: de aquel jesuitismo de la mediocridad que trabaja instintivamente para aniquilar al hombre no habitual y que intenta romper o ¡mejor todavía! aflojar todo arco tenso. Aflojarlo, claro está, con consideración, con mano indulgente, aflojarlo con cariñosa compasión: éste es el auténtico arte del jesuitismo, que ha sabido siempre presentarse como religión de la compasión.

207

Por grande que sea el agradecimiento con que acojamos el espíritu objetivo ¡y quién no habría estado ya alguna vez mortalmente harto de todo lo subjetivo y de su maldita ipsissimosidad!, al final tenemos que aprender a tener cautela también con nuestro agradecimiento y poner freno a la exageración con que la renuncia del espíritu a sí mismo y su despersonalización vienen siendo ensalzadas últimamente cual si fueran, por así decirlo, una meta en sí, una redención y transfiguración: cosa que suele ocurrir sobre todo en el interior de la escuela de los pesimistas, escuela que, por su parte, tiene también buenas razones para otorgar los máximos honores al «conocer desinteresado». El hombre objetivo, que ya no lanza maldiciones e injurias como el pesimista, el docto ideal, en el cual consigue el instinto científico florecer y prosperar tras miles de fracasos completos y de fracasos a medias, es con toda seguridad uno de los instrumentos más preciosos que existen: pero debe ser manejado por alguien más poderoso. Él es tan sólo un instrumento, digamos: un espejo, no una «finalidad por sí misma». El hombre objetivo es de hecho un espejo: habituado a someterse a todo lo que quiere ser conocido, sin ningún otro placer que el que le proporciona el conocer, el «reflejar», ese hombre aguarda hasta que algo llega, y entonces se extiende con delicadeza para que sobre su superficie y piel no se pierdan tampoco las huellas ligeras y el fugaz deslizarse de seres fantasmales. El resto de «persona» que todavía le queda parécele algo casual, algo con frecuencia arbitrario y, con más frecuencia todavía, perturbador: hasta tal punto se ha convertido a sí mismo en lugar de paso y en reflejo de figuras y acontecimientos ajenos. Le cuesta reflexionar sobre «sí mismo» y no raras veces yerra al hacerlo; fácilmente se confunde a sí mismo con otros, se equivoca en lo referente a sus propias necesidades, y esto es lo único en que se muestra burdo y negligente. Tal vez lo atormenten la salud, o la mezquindad y el aire enrarecido de mujeres y amigos, o la falta de compañeros y compañía, incluso se fuerza a sí mismo a reflexionar sobre su tormento: ¡en vano! Ya su pensamiento divaga lejos, yendo hacia el caso más general, y mañana sabe tan poco como sabía ayer de qué modo se le ha de ayudar. Ha perdido la seriedad para con sigo mismo, también el tiempo: es jovial, y no por falta de penas, sino por falta de dedos y de manos para tocar sus penas. La condescendencia habitual con toda cosa y acontecimiento, la alegre e imparcial hospitalidad con que acoge todo lo que choca con él, su especie de inconsiderada benevolencia, de peligrosa despreocupación por el sí y el no: ¡ay, se dan bastantes casos en que tiene que expiar esas virtudes suyas! y en cuanto ser humano conviértese con demasiada facilidad en el caput mortuum [residuo inútil] de esas virtudes. Si se quiere de él amor y odio, quiero decir amor y odio tal como los entienden Dios, la mujer y el animal: él hará lo que pueda, y dará lo que pueda. Pero no debemos extrañarnos de que no sea mucho, de que justo en esto se muestre inauténtico, frágil, equívoco y podrido. Su amor es querido, su odio es artificial y más bien un tour de force [exhibición], una pequeña vanidad y exageración. En efecto, él es auténtico nada más que en la medida en que le es lícito ser objetivo: únicamente en su jovial totalismo continúa sien do «naturaleza» y «natural». Su alma reflectante y que eternamente está alisándose no sabe ya afirmar, no sabe ya negar; no da órdenes; tampoco destruye. Je ne méprise presque rien [yo no desprecio casi nada] dice con Leibniz: ¡no se pase por alto ni se infravalore el presque [casi]! Tampoco es un hombre modelo; no va delante de nadie, ni detrás de nadie; se sitúa en general demasiado lejos como para tener motivo de tomar partido entre el bien y el mal. Al confundirlo durante tanto tiempo con el filósofo, con el cesáreo disciplinador y violentador de la cultura: se le han otorgado honores demasiado elevados y se ha dejado de ver lo más esencial que hay en él, él es un instrumento, un ejemplar de esclavo, aunque también, cierta mente, la especie más sublime de esclavo, pero, en sí mismo, nada, presque rien! [¡casi nada!]. El hombre objetivo es un instrumento, un instrumento de medida y una obra maestra de espejo, precioso, fácil de romper y de empañar, al que se debe tratar con cuidado y honrar; pero no es una meta, un resultado y elevación, un hombre complementario en el cual se justifique la restante existencia, no es una conclusión y menos todavía es un comienzo, una procreación y causa primera, no es algo rudo, poderoso, plantado en sí mismo, que quiere ser señor: antes bien, es sólo un delicado, hinchado, fino, móvil recipiente formal, que tiene que aguardar a un contenido y a una sustancia cualesquiera para «configurarse» a sí mismo de acuerdo con ellos, de ordinario es un hombre sin contenido ni sustancia, un hombre «sin sí mismo». En consecuencia, tampoco es una cosa para mujeres, in parenthesi [dicho sea entre paréntesis].

208

Cuando un filósofo da a entender hoy que él no es un escéptico, yo espero que se haya percibido eso en la descripción que acabo de hacer del espíritu objetivo todo el mundo oye eso con disgusto; se lo examina con cierto recelo, se querría preguntarle y preguntarle muchas cosas..., incluso, entre los oyentes medrosos, que ahora existen en gran cantidad, se le califica, desde ese momento, de peligroso. Les parece como si, en el repudio del escepticismo por parte de aquél, ellos escuchasen desde lejos un ruido malvado y amenazador, como si en alguna parte se estuviera ensayando una nueva sustancia explosiva, una dinamita del espíritu, quizá una nihilina rusa recién descubierta, un pesimismo *bonae voluntatís* [de buena voluntad] que no se limita a decir no, a querer no, sino ¡cosa horrible de pensar! a hacer no. Contra esa especie de «buena voluntad» una voluntad de negación real y efectiva de la vida no hay hoy, según es reconocido por todos, mejor somnífero y calmante que el escepticismo, que la suave, amable, tranquilizante adormidera del escepticismo; y el propio Hamlet es recetado hoy, por los médicos de la época, como un medicamento contra el «espíritu» y sus rumores subterráneos. «¿Es que no tenemos ya enteramente llenos los oídos de rumores perversos? dice el escéptico, presentándose como amigo de la tranquilidad y casi como una especie de policía de seguridad. ¡ese no subterráneo es horrible! ¡Callaos por fin, topos pesimistas!» En efecto, el escéptico, esa criatura delicada, se horroriza con demasiada facilidad; su conciencia está amaestrada para sobresaltarse y sentir algo así como una mordedura cuando oye cualquier no, e incluso cuando oye un sí duro y decidido. ¡Sí! y ¡no! esto repugna a su moral; por el contrario, le gusta agasajar a su virtud con la noble abstención, diciendo acaso con Montaigne: «¿Qué sé yo?» O con Sócrates: «Yo sé que no sé nada». O: «Aquí no me fío de mí, aquí no está abierta ninguna puerta para mí». O: «Suponiendo que estuviera abierta, ¡para qué entrar enseguida!» O: «¿De qué sirven todas las hipótesis apresuradas? No hacer hipótesis podría fácilmente formar parte del buen gusto. ¿Es que tenéis que enderezar inmediatamente lo torcido? ¿Que tapar todo agujero con una estopa cualquiera? ¿No tiene esto su tiempo? ¿No tiene tiempo el tiempo? Oh muchachos del diablo, ¿no podéis aguardar en modo alguno? También lo incierto tiene sus atractivos, también la Esfinge es una Circe, también la Circe fue una filósofa.» Así se consuela a sí mismo un escéptico; y es cierto que tiene necesidad de algún consuelo. En efecto, el escepticismo es la expresión más espiritual de una cierta constitución psicológica compleja a la que, en el lenguaje vulgar, se le da el nombre de debilidad nerviosa y constitución enfermiza; el escepticismo surge siempre que razas o estamentos largo tiempo separados entre sí se entrecruzan de manera decidida y súbita. En la nueva estirpe, la cual, por así decirlo, acoge en su sangre por herencia medidas y valores diferentes, todo es inquietud, turbación, duda, ensayo; las fuerzas mejores producen un efecto inhibitorio, las virtudes mismas no se dejan unas a otras crecer ni fortalecerse, en el cuerpo y en el alma faltan el equilibrio, el centro de gravedad, la seguridad perpendicular. Pero lo que más hondamente enferma y degenera en esos mestizos es la voluntad, ellos ya no conocen en absoluto la independencia en la resolución, el valiente sentimiento de placer en el querer, incluso en sus sueños dudan de la «libertad de la voluntad». Nuestra Europa de hoy, escenario de un ensayo absurdo y repentino de mezclar radicalmente entre sí los estamentos y, en consecuencia, las razas, es por ello escéptica tanto arriba como abajo, exhibiendo unas veces ese móvil escepticismo que salta, impaciente y ávido, de una rama a otra, y presentándose otras torva cual una nube cargada de signos de interrogación, ¡y a menudo mortalmente harta de su voluntad! Parálisis de la voluntad: ¡en qué lugar no encontramos hoy sentado a ese tullido! ¡Y a menudo, incluso, muy ataviado! ¡Qué seductoramente engalanado! Para esta enfermedad existen los más hermosos vestidos de gala y de mentira; y que, por ejemplo, la mayor parte de lo que hoy se exhibe a sí mismo en los escaparates como «objetividad», «cientificismo», l'art pour l'art, «conocer puro, independiente de la voluntad», no es otra cosa que escepticismo y parálisis de la voluntad engalanados, ése es un diagnóstico de la enfermedad europea del que yo quiero salir responsable. La enfermedad de la voluntad se ha extendido sobre Europa de una manera no uniforme: donde más amplia y compleja se muestra es allí donde más tiempo hace que la cultura está aposentada, y desaparece en la medida en que «el bárbaro» hace valer todavía o de nuevo su derecho bajo la desaliñada vestimenta de la cultura occidental. En la Francia actual es, por lo tanto, y esto es cosa tan fácil de deducir como de palpar con la mano, donde más enferma se encuentra la voluntad; y Francia, que siempre ha tenido una habilidad magistral para transformar en algo atractivo y seductor incluso los giros más fatales de su espíritu, muestra hoy propiamente su preponderancia cultural sobre Europa en su calidad de escuela y escaparate de todas las magias del escepticismo. La fuerza de querer, y, en concreto, de querer largamente, es ya un poco más fuerte en Alemania, y en el norte alemán es, a su vez, más fuerte que en el centro; considerablemente más fuerte es en Inglaterra, en España y Córcega, ligada en el primer caso a la flema, y en el segundo a los cráneos duros, para no hablar de Italia, la cual es demasiado joven como para saber lo que quiere y que tiene que demostrar primero si es capaz de querer , pero donde más fuerte y más asombrosa se muestra es en aquel imperio intermedio en el que Europa, por así decirlo, refluye hacia Asia, en Rusia. Allí la fuerza de querer ha venido siendo reservada y acumulada desde hace mucho tiempo, allí la voluntad quién sabe si como voluntad de afirmación o de negación aguarda amenazadoramente el momento en que se la accione, para tomar prestado a los físicos de hoy su palabra preferida. Para que Europa quede libre de su máximo peligro acaso sean necesarias no sólo guerras en India y complicaciones en Asia, sino revoluciones internas, la desmembración del Reich en pequeños cuerpos y, sobre todo, la introducción de la imbecilidad parlamentaria, además de la obligación para todo el mundo de leer su periódico durante el desayuno. Yo no digo esto porque lo desee: antes bien, yo desearía lo contrario, quiero decir, un aumento tal de la amenaza representada por Rusia que Europa tuviera que decidirse a volverse amenazadora en esa misma medida, esto es, a adquirir una voluntad única mediante el instrumento de una nueva casta que dominase sobre Europa, a adquirir una voluntad propia prolongada, terrible, que pudiera proponerse metas para milenios: para que por fin acabasen tanto la comedia, que ha durado demasiado, de su división en pequeños Estados como sus veleidades dinásticas y democráticas. El tiempo de la política pequeña ha pasado: ya el próximo siglo trae consigo la lucha por el dominio de la tierra, la coacción a hacer una política grande.

209

Hasta qué punto la nueva edad bélica en que nosotros los europeos hemos manifiestamente entrado va a favorecer quizá también el desarrollo de una especie distinta y más fuerte de escepticismo es cosa sobre la cual yo quisiera expresarme por el momento nada más que mediante una imagen que los amigos de la historia alemana comprenderán. Aquel irreflexivo entusiasta de los granaderos guapos y altos que, como rey de Prusia, dio vida a un genio militar y escéptico y con ello, en el fondo, a ese nuevo tipo de alemán que justo ahora aparece victoriosamente en el horizonte , el ambiguo y loco padre de Federico el Grande, tuvo también en un único punto la zarpa y la garra afortunada del genio: supo qué era lo que faltaba entonces en Alemania y cuál era la falta que resultaba cien veces más angustiosa y urgente que, por ejemplo, la falta de cultura y de forma social, su aversión por el joven Federico provenía de la angustia de un instinto profundo. Faltaban varones; y él recelaba, para amarguísimo fastidio suyo, que su propio hijo no era suficientemente varón. En esto se engañó: mas ¿quién no se habría engañado en su lugar? Veía a su hijo víctima del ateísmo, del esprit [espíritu], de la deleitosa frivolidad propia de franceses llenos de ingenio: veía en el trasfondo la gran chupadora de sangre, la araña del escepticismo, sospechaba la incurable miseria de un corazón que ya no es bastante fuerte ni para el bien ni para el mal, de una voluntad rota que ya no da órdenes, que ya no puede dar órdenes. Pero entretanto se desarrolló en su hijo aquella especie nueva, más peligrosa y más dura, de escepticismo, ¿quién sabe hasta qué punto favorecida precisamente por el odio del padre y por la gélida melancolía de una voluntad que se había hecho solitaria? el escepticismo de la virilidad temeraria, que está estrechamente emparentado con el genio para la guerra y para la conquista y que hizo su primera entrada en Alemania bajo la figura del gran Federico. Este escepticismo desprecia y, sin embargo, atrae hacia sí; socava y se posesiona; no cree, pero no se pierde en eso; otorga al espíritu una libertad peligrosa, pero al corazón lo sujeta con rigor; es la forma alemana del escepticismo, que, en forma de un fredericianismo prolongado y elevado hasta lo más espiritual, ha tenido sometida durante largo tiempo a Europa bajo el dominio del espíritu alemán y de su desconfianza crítica e histórica. Gracias al indomable, fuerte y tenaz carácter viril de los grandes filólogos y críticos de la historia alemanes (los cuales, si se los mira bien, fueron todos ellos también artistas de la destrucción y de la disgregación) se estableció poco a poco, pese a todo el romanticismo en música y en filosofía, un nuevo concepto del espíritu alemán, en el que destacaba decisivamente la tendencia al escepticismo viril: bien, por ejemplo, como intrepidez de la mirada, bien como valentía y dureza de la mano al descomponer cosas, bien como tenaz voluntad de emprender peligrosos viajes de descubrimiento, espiritualizadas expediciones al polo norte bajo cielos desolados y peligrosos. Sin duda está bien justificado el que hombres humanitarios, de sangre fría, superficiales, se santigüen precisamente ante ese espíritu: cet esprit fataliste, ironique, méphistophélique [ese espíritu fatalista, irónico, mefistofélico] lo denomina, no sin estremecimientos, Michelet. Pero si alguien quiere percibir qué distinción tan grande representa ese miedo al «varón» existente en el espíritu alemán, que despertó a Europa de su «somnolencia dogmática», recuerde el antiguo concepto que fue necesario superar con él, y cómo no hace tanto tiempo que a una mujer masculinizada'" le fue lícito, con una desbocada presunción, osar recomendar los alemanes a la simpatía de Europa, como cretinos suaves y poéticos, buenos de corazón y débiles de voluntad. Entiéndase por fin con suficiente profundidad el asombro de Napoleón cuando vio a Goethe: ese asombro delata lo que durante siglos se había entendido por «espíritu alemán». «Voilá un homme!» quería decir: «¡Eso es un varón! ¡Y yo había esperado únicamente un alemán!»

210

Suponiendo, pues, que en la imagen de los filósofos del futuro haya algún rasgo que permita adivinar que acaso ellos tengan que ser escépticos en el sentido recién insinuado, con esto no habríamos designado más que algo en ellos y no a ellos mismos. Idéntico derecho tienen a hacerse llamar críticos; y sin ninguna duda serán hombres de experimentos. Mediante el nombre con que he osado bautizarlos he subrayado ya de modo expreso el experimentar y el placer de experimentar: ¿lo he hecho porque a ellos, en cuanto críticos de los pies a la cabeza, les gusta servirse del experimento en un sentido nuevo, quizá más amplio, quizá más peligroso? En su pasión de conocimiento, ¿tienen ellos que llegar, con sus temerarios y dolorosos experimentos, más allá de lo que puede aprobar el reblandecido y debilitado gusto de un siglo democrático? No hay duda: a esos venideros es a los que menos les será lícito abstenerse de aquellas propiedades serias y no exentas de peligro que diferencian al crítico del escéptico, quiero decir, la seguridad de los criterios valorativos, el manejo consciente de una unidad de método, el coraje alertado, el estar solos y el poder responder de sí mismos; incluso admiten la existencia en ellos de un placer en el decir no y en el desmembrar las cosas, y de una cierta crueldad juiciosa que sabe manejar el cuchillo con seguridad y finura, aun cuando el corazón sangre. Serán más duros (y quizá no sólo siempre consigo mismos) de lo que las personas humanitarias desearían, no establecerán relaciones con la «verdad» para que ésta les «agrade» o los «eleve» o los «entusiasme»: antes bien, será parca su fe en que precisamente la verdad comporta tales placeres para el sentimiento. Sonreirán, estos espíritus rigurosos, cuando alguien diga ante ellos: «Ese pensamiento me levanta: ¿cómo no iba a ser él verdadero?» O: «Esa obra me encanta: ¿cómo no iba a ser ella hermosa?» O: «Ese artista me engrandece: ¿cómo no iba a ser él grande?» acaso tengan preparada no sólo una son risa, sino una auténtica náusea frente a todo lo que de ese modo sea iluso, idealista, femenino, hermafrodita, y quien supiera seguirlos hasta las cámaras ocultas de su corazón difícilmente encontraría allí el propósito de conciliar los «sentimientos cristianos» con el «gusto antiguo» y no digamos con el «parlamentarismo moderno» (propósito conciliador que en nuestro muy inseguro y, por consiguiente, muy conciliador siglo se encontrará incluso entre los filósofos). Esos filósofos del futuro se exigirán a sí mismos no sólo una disciplina crítica y todos los hábitos que conducen a la limpieza y al rigor en los asuntos del espíritu: les será lícito exhibirse a sí mismos como su especie de ornamento, a pesar de ello, no por esto quieren llamarse todavía críticos. Paréceles una afrenta no pequeña que se hace a la filosofía el que se decrete, como hoy se gusta de hacer: «la filosofía misma es crítica y ciencia crítica ¡y nada más! » Aunque esta valoración de la filosofía goce del aplauso de todos los positivistas de Francia y de Alemania (y sería posible que hubiese halagado incluso al corazón y al gusto de Kant: recuérdese el título de sus obras capitales): nuestros nuevos filósofos dirán a pesar de eso: ¡los críticos son instrumentos del filósofo, y precisamente por eso, porque son instrumentos, no son aún, ni de lejos, filósofos! También el gran chino de Königsberg era únicamente un gran crítico.

211

Insisto en que se deje por fin de confundir a los trabajadores filosóficos y, en general, a los hombres científicos con los filósofos, en que justo aquí se dé rigurosamente «a cada uno lo suyo», a los primeros no demasiado, y a los segundos no demasiado poco. Acaso para la educación del verdadero filósofo se necesite que él mismo haya estado alguna vez también en todos esos niveles en los que permanecen, en los que tienen que permanecer sus servidores, los trabajadores científicos de la filosofía; él mismo tiene que haber sido tal vez crítico y escéptico y dogmático e historiador y, además, poeta y coleccionista y viajero y adivinador de enigmas y moralista y vidente y «espíritu libre» y casi todas las cosas, a fin de recorrer el círculo entero de los valores y de los sentimientos valorativos del hombre y a fin de poder mirar con muchos ojos y conciencias, desde la altura hacia toda lejanía, desde la profundidad hacia toda altura, desde el rincón hacia toda amplitud. Pero todas estas cosas son únicamente condiciones previas de su tarea: la tarea misma quiere algo distinto, exige que él cree valores. Aquellos trabajadores filosóficos modelados según el noble patrón de Kant y de Hegel tienen que establecer y que reducir a fórmulas cualquier gran hecho efectivo de valoraciones es decir, de anteriores posiciones de valor, creaciones de valor que llegaron a ser dominantes y que durante algún tiempo fueron llamadas «verdades» bien en el reino de lo lógico, bien en el de lo político (moral), bien en el de lo artístico. A estos investigadores les incumbe el volver aprehensible, manejable, dominable con la mirada, dominable con el pensamiento todo lo que hasta ahora ha ocurrido y ha sido objeto de aprecio, el acortar todo lo largo, el acortar incluso «el tiempo» mismo, y el sojuzgar el pasado entero: inmensa y maravillosa tarea en servir a la cual pueden sentirse satisfechos con seguridad todo orgullo sutil, toda voluntad tenaz. Pero los auténticos filósofos son hombres que dan órdenes y legislan: dicen: «¡así debe ser!», son ellos los que determinan el «hacia dónde» y el «para qué» del ser humano, disponiendo aquí del trabajo previo de todos los trabajadores filosóficos, de todos los sojuzgadores del pasado, ellos extienden su mano creadora hacia el futuro, y todo lo que es y ha sido conviértese para ellos en medio, en instrumento, en martillo. Su «conocer» es crear, su crear es legislar, su voluntad de verdad es voluntad de poder. ¿Existen hoy tales filósofos? ¿Han existido ya tales filósofos? ¿No tienen que existir tales filósofos?...

212

Va pareciéndome cada vez más que el filósofo, en cuanto es un hombre necesario del mañana y del pasado mañana, se ha encontrado y ha tenido que encontrarse siempre en contradicción con su hoy: su enemigo ha sido siempre el ideal de hoy. Hasta ahora todos esos extraordinarios promotores del hombre a los que se da el nombre de filósofos y que raras veces se han sentido a sí mismos como amigos de la sabiduría, sino más bien como necios desagradables y como peligrosos signos de interrogación, han encontrado su tarea, su dura, involuntaria, inevitable tarea, pero finalmente la grandeza de su tarea, en ser la conciencia malvada de su tiempo. Al poner su cuchillo, para seccionarlo, precisamente sobre el pecho de las virtudes de su tiempo, delataban cuál era su secreto: conocer una nueva grandeza del hombre, un nuevo y no recorrido camino hacia su engrandecimiento. Siempre han puesto al descubierto cuánta hipocresía, espíritu de comodidad, dejarse ir y dejarse caer, cuánta mentira yace oculta bajo los tipos más venerados de la moralidad contemporánea, cuánta virtud estaba anticuada; siempre dijeron: «Nosotros tenemos que ir allá, allá fuera, donde hoy vosotros menos os sentís como en vuestra casa». A la vista de un mundo de «ideas modernas», el cual confinaría a cada uno a un rincón y «especialidad», un filósofo, en el caso de que hoy pueda haber filósofos, se vería forzado a situar la grandeza del hombre, el concepto «grandeza», precisamente en su amplitud y multiplicidad, en su totalidad en muchos cosas: incluso determinaría el valor y el rango por el número y diversidad de cosas que uno solo pudiera soportar y tomar sobre sí, por la amplitud que uno solo pudiera dar a su responsabilidad. Hoy el gusto de la época y la virtud de la época debilitan y enflaquecen la voluntad, nada está tan en armonía con la época como la debilidad de la voluntad: por lo tanto, en el ideal del filósofo tienen que formar parte del concepto de «grandeza» justo la fortaleza de la voluntad, justo la dureza y capacidad para adoptar resoluciones largas; con el mismo derecho con que la doctrina opuesta y el ideal de una humanidad idiota, abnegada, humilde, desinteresada serían adecuados a una época opuesta, a una época que, como el siglo XVI, sufriese a causa de su acumulada energía de voluntad y a causa de las aguas y mareas totalmente salvajes del egoísmo. En la época de Sócrates, entre hombres de instinto fatigado, entre viejos atenienses conservadores que se dejaban ir «hacia la felicidad», según ellos decían, hacia el placer, según ellos obraban y que, al hacerlo, continuaban empleando las antiguas y espléndidas palabras a las cuales no les daba derecho alguno su vida desde hacía mucho tiempo, quizá fuese necesaria, para la grandeza del alma, la ironía, aquella maliciosa ironía socrática del viejo médico y plebeyo que sajaba sin misericordia tanto su propia carne como la carne y el corazón del «aristócrata», con una mirada que decía bastante inteligiblemente: «¡No os disfracéis delante de mí! ¡Aquí somos iguales!» Hoy, a la inversa, cuando en Europa es el animal de rebaño el único que recibe y que reparte honores, cuando la «igualdad de derechos» podría transformarse con demasiada facilidad en la igualdad en la injusticia: yo quiero decir, combatiendo conjuntamente todo lo raro, extraño, privilegiado del hombre superior, del deber superior, de la responsabilidad superior, de la plenitud de poder y el dominio superiores, que hoy el ser aristócrata, el querer ser para sí, el poder ser distinto, el estar solo y el tener que vivir por sí mismo forman parte del concepto de «grandeza»; y el filósofo delatará algo de su propio ideal cuando establezca: «El más grande será el que pueda ser el más solitario, el más oculto, el más divergente, el hombre más allá del bien y del mal, el señor de sus virtudes, el sobrado de voluntad; grandeza debe llamarse precisamente el poder ser tan múltiple como entero, tan amplio como pleno». Y hagamos una vez más la pregunta: ¿es hoy posible la grandeza?

213

Lo que un filósofo es, eso resulta difícil de aprender, pues no se puede enseñar: hay que «saberlo», por experiencia, o se debe tener el orgullo de no saberlo. Pero que hoy todo el mundo habla de cosas con respecto a las cuales no puede tener experiencia alguna, eso es algo que se aplica ante todo y de la peor manera a los filósofos y a los estados de ánimo filosóficos: poquísimos son los que los conocen, poquísimos son aquellos a los que les es lícito conocerlos, y todas las opiniones populares sobre ellos son falsas. Así, por ejemplo, la mayor parte de los pensadores y doctos no conocen por experiencia propia esa coexistencia genuinamente filosófica entre una espiritualidad audaz y traviesa, que corre presto, y un rigor y necesidad dialécticos que no dan ningún paso en falso, y por ello, en el caso de que alguien quisiera hablar de esto delante de ellos, no merecería crédito. Ellos se representan toda necesidad como una tortura, como un torturante tener que seguir y ser forzado; y el pensar mismo lo conciben como algo lento, vacilante, casi como una fatiga, y, con bastante frecuencia, como «digno del sudor de los nobles» ¡pero no, en modo alguno, como algo ligero, divino, estrechamente afín al baile, a la petulancia! «Pensar» y «tomar en serio», «tomar con gravedad» una cosa en ellos esto va junto: únicamente así lo han «vivido» ellos. Acaso los artistas tengan en esto un olfato más sutil: ellos, que saben demasiado bien que justo cuando no hacen ya nada «voluntariamente», sino todo necesariamente, es cuando llega a su cumbre su sentimiento de libertad, de finura, de omnipotencia, de establecer, disponer, configurar creadoramente, en suma, que entonces es cuando la necesidad y la «libertad de la voluntad» son en ellos una sola cosa. Hay, finalmente, una jerarquía de estados psíquicos a la cual corresponde la jerarquía de los problemas; y los problemas supremos rechazan sin piedad a todo aquel que se atreve a acercarse a ellos sin estar predestinado por la altura y poder de su espiritualidad a darles solución. ¡De qué sirve el que flexibles cabezas universales o mecánicos y empíricos desmañados y bravos se esfuercen, como hoy sucede de tantos modos, por acercarse a esos problemas con su ambición de plebeyos y por penetrar, si cabe la expresión, en esa «corte de las cortes»! Pero a los pies groseros nunca les es lícito pisar tales alfombras: de eso ha cuidado ya la ley primordial de las cosas; ¡las puertas permanecen cerradas para estos intrusos, aunque se den de cabeza contra ellas y se la rompan! Para entrar en un mundo elevado hay que haber nacido, o dicho con más claridad, hay que haber sido criado para él: derecho a la filosofía tomando esta palabra en el sentido grande sólo se tiene gracias a la ascendencia, también aquí son los antecesores, la «sangre», los que deciden. Muchas generaciones tienen que haber trabajado anticipadamente para que surja el filósofo; cada una de sus virtudes tiene que haber sido adquirida, cultivada, heredada, apropiada individualmente, y no sólo el paso y carrera audaces, ligeros, delicados de los pensamientos, sino sobre todo la prontitud para las grandes responsabilidades, la soberanía de las mira das dominadoras, de las miradas hacia abajo, el sentirse a sí mismo separado de la multitud y de sus debe res y virtudes, el afable proteger y defender aquello que es malentendido y calumniado, ya sea dios, ya sea el diablo, el placer y la ejercitación en la gran justicia, el arte de mandar, la amplitud de la voluntad, los ojos lentos, que raras veces admiran, raras veces miran hacia arriba, que raras veces aman...

SECCIÓN SÉPTIMA
NUESTRAS VIRTUDES

214

¿Nuestras virtudes? Es probable que también nosotros sigamos teniendo nuestras virtudes, aunque, como es obvio, no serán aquellas candorosas y macizas virtudes en razón de las cuales honramos a nuestros abuelos, pero también los mantenemos un poco distanciados de nosotros. Nosotros los europeos de pasado mañana, nosotros primicias del siglo XX, con toda nuestra peligrosa curiosidad, con nuestra complejidad y nuestro arte del disfraz, con nuestra reblandecida y, por así decirlo, endulzada crueldad de espíritu y de sentidos, nosotros, si es que debiéramos tener virtudes, tendremos presumiblemente sólo aquellas que hayan aprendido a armonizarse de manera óptima con nuestras inclinaciones más secretas e íntimas, con nuestras necesidades más ardientes: ¡bien, busquémoslas de una vez en nuestros laberintos! en los cuales, como es sabido, son muchas las cosas que se extravían, muchas las cosas que se pierden del todo. ¿Y hay algo más hermoso que buscar nuestras virtudes? ¿No significa esto ya casi: creer en nuestra virtud? Pero este «creer en nuestra virtud» ¿no es en el fondo lo mismo que en otro tiempo se llamaba nuestra «buena conciencia», aquella venerable trenza conceptual de larga cola que nuestros abuelos se colgaban detrás de su cabeza y, con bastante frecuencia, también detrás de su entendimiento? Parece, pues, que, aunque nosotros nos consideremos muy poco pasados de moda y muy poco respetables a la manera de nuestros abuelos, hay una cosa en la que, sin embargo, somos los dignos nietos de tales abuelos, nosotros los últimos euro peos con buena conciencia: también nosotros seguimos llevando la trenza de ellos. ¡Ay! ¡Si supieseis qué pronto, qué pronto ya las cosas serán distintas!...

215

Así como en el reino de los astros son a veces dos los soles que determinan la órbita de un único planeta, así como en determinados casos soles de color distinto iluminan un único planeta, unas veces con luz roja, otras con luz verde, y luego lo iluminan de nuevo los dos a la vez y lo inundan de una luz multicolor: así nosotros los hombres modernos, gracias a la complicada mecánica de nuestro «cielo estrellado», estamos determinados por morales diferentes; nuestros actos brillan alternativamente con colores distintos, raras veces son unívocos, y hay bastantes casos en que realizamos actos multicolores.

216

¿Amar a nuestros enemigos? Yo creo que eso se ha aprendido bien: hoy eso ocurre de mil maneras, en lo grande y en lo pequeño; incluso a veces ocurre ya algo más elevado y más sublime nosotros aprendemos a despreciar cuando amamos, y precisamente cuando mejor amamos: pero todo esto ocurre de manera inconsciente, sin ruido, sin pompa, con aquel pudor y aquel ocultamiento propios de la bondad que prohíben a la boca decir la palabra solemne y la fórmula de la virtud. La moral como afectación repugna hoy a nuestro gusto. Esto es también un progreso: como el progreso de nuestros padres fue el que a su gusto acabase por repugnarle la religión como afectación, incluidas la hostilidad y la acritud volteriana contra la religión (y todo lo que en aquel tiempo formaba parte de la mímica de los librepensadores). Con la música que hay en nuestra conciencia, con el baile que hay en nuestro espíritu es con lo que no quieren armonizar ninguna letanía puritana, ningún sermón moral y ninguna probidad.

217

¡Ponerse en guardia contra quienes dan mucho valor a que se confíe en su tacto y sutileza morales en materia de distinciones morales! Jamás nos perdonan el haberse equivocado alguna vez en presencia nuestra (y, no digamos, a propósito de nosotros), inevitablemente se convierten en nuestros calumniadores y detractores instintivos, aun cuando continúen siendo «amigos» nuestros. Bienaventurados los olvidadizos, pues «digerirán» incluso sus estupideces.

218

Los psicólogos de Francia en qué otro lugar existen hoy psicólogos? no han acabado aún de saborear el amargo y multiforme placer que encuentran en la *bétise bourgeoise* [estupidez burguesa], como si, por así decirlo..., basta, con esto ellos delatan una cosa. Flaubert, por ejemplo, el honrado burgués de Ruán, no vio, ni oyó, ni saboreó en última instancia más que esto: constituía su especie propia de auto tortura y de sutil crueldad.

Ahora bien, yo recomiendo, para variar pues la cosa se vuelve aburrida, algo maravillosamente distinto: la astucia inconsciente con que todos los buenos, gordos y honrados espíritus de la mediocridad se comportan respecto de los espíritus superiores y las tareas de éstos, aquella astucia sutil, ganchuda, jesuítica, que resulta mil veces más sutil que el entendimiento y el gusto de esa clase media en sus mejores instantes más sutil incluso que el entendimiento de sus víctimas, para que quede reiteradamente demostrado que el «instinto» es la más inteligente de todas las especies de inteligencia descubiertas hasta ahora. En suma, estudiad, psicólogos, la filosofía de la «regla» en lucha con la «excepción»: ¡ahí tenéis un espectáculo que resulta bastante bueno para los dioses y para la malicia divina! O, dicho de modo más actual: ¡vivi seccionad al «hombre bueno», al *homo bonae voluntatis* [hombre de buena voluntad]..., a vosotros!

219

El juicio y la condena morales constituyen la venganza favorita de los hombres espiritualmente limitados contra quienes no lo son tanto, y también una especie de compensación por el hecho de haber sido mal dotados por la naturaleza, y, en fin, una ocasión de adquirir espíritu y volverse sutiles: la maldad espiritualiza. En el fondo de su corazón les agrada que exista un criterio frente al cual incluso los hombres colmados de bienes y privilegios del espíritu se equiparan a ellos: luchan por la «igualdad de todos ante Dios», y para esto casi necesitan ya la fe en Dios. Entre ellos se encuentran los adversarios más vigorosos del ateísmo. Quien les dijera: «una espiritualidad elevada no tiene comparación con ninguna probidad ni respetabilidad de un hombre que sea precisamente sólo moral», ése los pondría furiosos: yo me guardaré de hacerlo. Quisiera, antes bien, halagarlos con mi tesis de que una espiritualidad elevada subsiste tan sólo como último engendro de cualidades morales; que ella constituye una síntesis de todos aquellos estados atribuidos a los hombres «sólo morales», una vez que se los ha conquistado, uno a uno, mediante una disciplina y un ejercicio prolongados, tal vez en cadenas enteras de generaciones; que la espiritualidad elevada es precisamente la espiritualización de la justicia y de aquel rigor bonachón que se sabe encargado de mantener en el mundo el orden del rango, entre las cosas mismas y no sólo entre los hombres.

220

Dado que la alabanza de lo «desinteresado» es tan popular ahora, tenemos que cobrar consciencia, tal vez no sin algún peligro, de qué es aquello por lo que el pueblo se interesa propiamente y de cuáles son en general las cosas de que el hombre vulgar se preocupa por principio y a fondo: incluidos los hombres cultos, incluso los doctos, y, si no me equivoco del todo, casi también los filósofos. El hecho que aquí sale a luz es que la mayor parte de las cosas que interesan y atraen a gustos más sutiles y exigentes, a toda naturaleza superior, ésas le parecen completamente «no interesantes» al hombre medio: y si éste, a pesar de todo, observa una dedicación a ellas, la califica de désintéressé [desinteresada] y se asombra de que sea posible actuar «desinteresadamente». Ha habido filósofos que han sabido dar una expresión seductora y místicamente ultraterrenal a ese asombro popular (¿acaso porque no conocían por experiencia la naturaleza superior?) en lugar de establecer la verdad desnuda e íntimamente justa de que la acción «desinteresada» es una acción muy interesante e interesada, presuponiendo que... «¿Y el amor?» ¡Cómo! ¿También una acción realizada por amor será «no egoísta»? ¡Pero cretinos! «¿Y la alabanza del que se sacrifica?» Mas quien ha realizado verdaderamente sacrificios sabe que él quería algo a cambio de ellos, y que lo consiguió, tal vez algo de sí a cambio de algo de sí que dio algo en un sitio para tener más en otro, acaso para ser más o para sentirse a sí mismo como «más». Es éste, sin embargo, un reino de preguntas y respuestas en el que a un espíritu exigente no le gusta detenerse, hasta tal punto necesita aquí la verdad reprimir el bostezo cuando tiene que dar respuesta. En última instancia es la verdad una mujer no se le debe hacer violencia.

221

Ocurre, decía un pedante y doctrinario moralista, que yo honro y trato con distinción a un hombre desinteresado: pero no porque él sea desinteresado, sino porque me parece que tiene derecho a ser, a costa suya, útil a otro hombre. Bien, la cuestión está siempre en saber quién es aquél y quién es éste. En un hombre destinado y hecho para mandar, por ejemplo, el negarse a sí mismo y el posponerse modestamente no sería una virtud, sino la disipación de una virtud: así me parece a mí. Toda moral no egoísta que se considere a sí misma incondicional y que se dirija a todo el mundo no peca solamente contra el gusto: es una incitación a cometer pecados de omisión, es una seducción más, bajo máscara de filantropía y cabalmente una seducción y un daño de los hombres superiores, más raros, más privilegiados. A las morales hay que forzarlas a que se inclinen sobre todo ante la jerarquía, hay que meterles en la conciencia su presunción, hasta que todas acaben viendo con claridad que es inmoral decir: «Lo que es justo para uno es justo para otro». Así dice mi pedante y bonhomme [buen hombre] moralista: ¿merecería sin duda que nos riésemos de él cuando así predicaba moralidad a las morales? Más si queremos tener de nuestro lado a los que ríen no debemos tener demasiada razón; una pizca de falta de razón forma parte incluso del buen gusto.

222

En los lugares en que hoy se predica compasión y, si se escucha bien, ahora no se predica ya ninguna otra religión, abra el psicólogo sus oídos: a través de toda la vanidad, a través de todo el ruido que son propios de esos predicadores (como de todos los predicadores), oirá un ronco, quejoso, genuino acento de auto desprecio. Éste forma parte de aquel ensombrecimiento y afeamiento de Europa que desde hace un siglo no hace más que aumentar (y cuyos primeros síntomas están consignados ya en una pensativa carta de Galiani a madame D'Epinay) ¡si es que no es la causa de ellos! El hombre de las «ideas modernas», ese mono orgulloso, está inmensamente descontento consigo mismo: esto es seguro. Padece: y su vanidad quiere que él sólo «compadezca»...

223

El mestizo hombre europeo un plebeyo bastante feo, en conjunto necesita desde luego un disfraz: necesita la ciencia histórica como guardarropa de disfraces. Es cierto que se da cuenta de que ninguno de éstos cae bien a su cuerpo, cambia y vuelve a cambiar. Examínese el siglo xix en lo que respecta a esas rápidas predilecciones y variaciones de las mascaradas estilísticas; también en lo que se refiere a los instantes de desesperación porque «nada nos cae bien». Inútil resulta exhibirse con traje romántico, o clásico, o cristiano, o florentino, o barroco, o «nacional» in moribus et artibus [en las costumbres y en las artes] ¡nada «viste»! Pero el «espíritu», en especial el «espíritu histórico», descubre su ventaja incluso en esa desesperación, una y otra vez un nuevo fragmento de prehistoria y de extranjero es ensayado, adaptado, desechado, empaquetado y, sobre todo, estudiado: nosotros somos la primera época estudiada in puncto [en asunto] de «disfraces», quiero decir, de morales, de artículos de fe, de gustos artísticos y de religiones, nosotros estamos preparados, como ningún otro tiempo lo estuvo, para el carnaval de gran estilo, para la más espiritual petulancia y risotada de carnaval, para la altura trascendental de la estupidez suprema y de la irrisión aristofanesca del mundo. Acaso nosotros hayamos descubierto justo aquí el reino de nuestra invención, aquel reino donde también nosotros podemos ser todavía originales, como parodistas, por ejemplo, de la historia universal y como bufones de Dios, ¡tal vez, aunque ninguna otra cosa de hoy tenga futuro, téngalo, sin embargo, precisamente nuestra risa!

224

El sentido histórico (o la capacidad de adivinar con rapidez la jerarquía de las valoraciones según las cuales han vivido un pueblo, una sociedad, un ser humano, el «instinto adivinatorio» de las relaciones existentes entre esas valoraciones, de la relación entre la autoridad de los valores y la autoridad de las fuerzas efectivas): ese sentido histórico que nosotros los europeos reivindicamos como nuestra peculiaridad lo ha traído a nosotros la encantadora y loca semibarbarie en que la mezcolanza democrática de estamentos y razas ha precipitado a Europa, el siglo XIX ha sido el primero en conocer ese sentido como su sexto sentido. El pasado de cada forma y de cada modo de vivir, de culturas que antes se hallaban duramente yuxtapuestas, superpuestas, desemboca gracias a esa mezcolanza en nosotros las «almas modernas», a partir de ahora nuestros instintos corren por todas partes hacia atrás, nosotros mismos somos una especie de caos, finalmente, como hemos dicho, «el espíritu» descubre en esto su ventaja. Gracias a nuestra semibarbarie de cuerpo y de deseos tenemos accesos secretos a todas partes, accesos no poseídos nunca por ninguna época aristocrática, sobre todo los accesos al laberinto de las culturas incompletas y a toda semibarbarie que alguna vez haya existido en la tierra; y en la medida en que la parte más considerable de la cultura humana ha sido hasta ahora precisamente semibarbarie, el «sentido histórico» significa casi el sentido y el instinto para percibir todas las cosas, el gusto y la lengua para saborear todas las cosas: con lo que inmediatamente revela ser un sentido no aristocrático. Volvemos a gozar, por ejemplo, a Homero: quizá nuestro avance más afortunado sea el que sepamos saborear a Homero, al que los hombres de una cultura aristocrática (por ejemplo, los franceses del siglo XVII, como SaintEvremond, que le reprocha el esprit vaste [espíritu vasto], e incluso todavía Voltaire, acorde final de aquélla) no saben ni han sabido apropiárselo con tanta facilidad. El sí y el no, muy precisos, de su paladar, su náusea fácil de aparecer, su vacilante reserva con relación a todo lo heterogéneo, su miedo a la falta de gusto que puede haber incluso en la curiosidad más viva, y, en general, aquella mala voluntad de toda cultura aristocrática y autosatisfecha para confesarse un nuevo de seo, una insatisfacción en lo propio, una admiración de lo extraño: todo eso predispone y previene desfavorablemente a estos aristócratas aun frente a las mejores cosas del mundo que no sean propiedad suya o que no puedan convertirse en presa suya, y ningún sentido resulta más ininteligible a tales hombres que justo el sentido histórico y su curiosidad sumisa, propia de plebeyos. Lo mismo ocurre con Shakespeare, esa asombrosa síntesis hispanomorosajona del gusto, del cual se habría reído o con el cual se habría enojado casi hasta morir un ateniense antiguo amigo de Esquilo; pero nosotros aceptamos precisamente, con una familiaridad y cordialidad secretas, esa salvaje policromía, esa mezcla de lo más delicado, grosero y artificial, nosotros gozamos a Shakespeare considerándolo como el refinamiento del arte reservado precisamente a nosotros, y al hacerlo dejamos que las exhalaciones repugnantes y la cercanía de la plebe inglesa, en medio de las cuales viven el arte y el gusto de Shakespeare, nos incomoden tan poco como nos incomodan, por ejemplo, en la Chiaja de Nápoles: donde nosotros seguimos nuestro camino llevando todos los sentidos abiertos, fascinados y dóciles, aunque el olor de las cloacas de los barrios plebeyos llene el aire. Nosotros los hombres del «sentido histórico»: en cuanto tales, poseemos nuestras virtudes, no puede negar se, carecemos de pretensiones, somos desinteresados, modestos, valerosos, llenos de auto superación, llenos de abnegación, muy agradecidos, muy pacientes, muy acogedores: con todo esto, quizá no tengamos mucho «buen gusto». Confesémonoslo por fin: lo que a nosotros los hombres del «sentido histórico» más difícil nos resulta captar, sentir, saborear, amar, lo que en el fondo nos encuentra prevenidos y casi hostiles, es justo lo perfecto y lo definitivamente maduro en toda cultura y en todo arte, lo auténticamente aristocrático en obras y en seres humanos, su instante de mar liso y de autosatisfacción alciónica, la condición áurea y fría que muestran todas las cosas que han alcanzado su perfección. Tal vez nuestra gran virtud del sentido histórico consista en una necesaria antítesis del buen gusto, al menos del óptimo gusto, y sólo de mala manera, sólo con vacilaciones, sólo por coacción somos capaces de reproducir en nosotros precisamente aquellas pequeñas, breves y supremas jugadas de suerte y transfiguraciones de la vida humana que acá y allá resplandecen: aquellos instantes y prodigios en que una gran fuerza se ha detenido voluntariamente ante lo desmedido e ilimitado , en que gozamos de una sobreabundancia de sutil placer en el repentino domeñar nos y quedarnos petrificados, en el establecernos y fijarnos sobre un terreno que todavía tiembla. La moderación se nos ha vuelto extraña, confesémoslo; nuestro prurito es cabalmente el prurito de lo infinito, des mesurado. Semejantes al jinete que, montado sobre un corcel, se lanza hacia delante, así nosotros dejamos sueltas las riendas ante lo infinito, nosotros los hombres modernos, nosotros los semibárbaros y no tenemos nuestra bienaventuranza más que allí donde más peligro corremos.

225

Lo mismo el hedonismo que el pesimismo, lo mismo el utilitarismo que el eudemonismo: todos esos modos de pensar que miden el valor de las cosas por el placer y el sufrimiento que éstas producen, es decir, por estados concomitantes y cosas accesorias, son ingenuidades y modos superficiales de pensar, a los cuales no dejará de mirar con burla, y también con compasión, todo aquel que se sepa poseedor de fuerzas configuradoras y de una conciencia de artista. ¡Compasión para con vosotros! no es, desde luego, la compasión tal como vosotros la entendéis: no es compasión para con la «miseria» social, para con la «sociedad» y sus enfermos y lisiados, para con los viciosos y arruinados de antemano, que yacen por tierra a nuestro alrededor; y menos todavía es compasión para con esas murmurantes, oprimidas, levantiscas capas de esclavos que aspiran al dominio ellas lo llaman libertad. Nuestra compasión es una compasión más elevada, de visión más larga: ¡nosotros vemos cómo el hombre se empequeñece, cómo vosotros lo empequeñecéis! y hay instantes en los que contemplamos precisamente vuestra compasión con una ansiedad indescriptible, en los que nos defendemos de esa compasión, en los que encontramos que vuestra seriedad es más peligrosa que cualquier ligereza. Vosotros queréis, en lo posible, eliminar el sufrimiento y no hay ningún «en lo posible» más loco que ése; ¿y nosotros? ¡parece cabalmente que nosotros preferimos que el sufrimiento sea más grande y peor que lo ha sido nunca! El bienestar, tal como vosotros lo entendéis ¡eso no es, desde luego, una meta, eso a nosotros nos parece un final! Un estado que enseguida vuelve ridículo y despreciable al hombre, ¡que hace desear el ocaso de éste!

La disciplina del sufrimiento, del gran sufrimiento ¿no sabéis que únicamente esa disciplina es la que ha creado hasta ahora todas las elevaciones del hombre? Aquella tensión del alma en la infelicidad, que es la que le inculca su fortaleza, los estremecimientos del alma ante el espectáculo de la gran ruina, su inventiva y valentía en el soportar, perseverar, interpretar, aprovechar la desgracia, así como toda la profundidad, misterio, máscara, espíritu, argucia, grandeza que le han sido donados al alma: ¿no le han sido donados bajo sufrimientos, bajo la disciplina del gran sufrimiento? Criatura y creador están unidos en el hombre: en el hombre hay materia, fragmento, exceso, fango, basura, sinsentido, caos; pero en el hombre hay también un creador, un escultor, dureza de martillo, dioses espectadores y séptimo día: ¿entendéis esa antítesis? ¿Y qué vuestra compasión se dirige a la «criatura en el hombre», a aquello que tiene que ser configurado, quebrado, forjado, arrancado, quemado, abrasado, purificado, a aquello que necesariamente tiene que sufrir y que debe sufrir? Y nuestra compasión ¿no os dais cuenta de a qué se dirige nuestra opuesta compasión cuando se vuelve contra vuestra compasión considerándola como el más perverso de todos los reblandecimientos y debilidades? ¡Así, pues, compasión contra compasión! Pero, dicho una vez más, hay problemas más altos que todos los problemas del placer, del sufrimiento y de la compasión; y toda filosofía que no aboque a ellos es una ingenuidad.

226

¡Nosotros los inmoralistas! Ese mundo que nos concierne a nosotros, en el cual nosotros hemos de sentir miedo y sentir amor, ese mundo casi invisible e inaudible del mandato sutil, de la obediencia sutil, un mundo del «casi» en todos los sentidos de la palabra, ganchudo, capcioso, agudo, delicado: ¡sí, ese mundo está bien defendido contra los espectadores obtusos y contra la curiosidad confianzuda! Nosotros nos hallamos encarcelados en una rigurosa red y camisa de deberes, y no podemos salir de ella, ¡en eso precisamente somos, también nosotros, «hombres del deber»! A veces, es verdad, bailamos en nuestras «cadenas» y entre nuestras «espadas»; y con más frecuencia, no es menos verdad, rechinamos los dientes bajo ellas y estamos impacientes a causa de la secreta dureza de nuestro destino. Pero hagamos lo que hagamos: los cretinos y la apariencia visible dicen contra nosotros «ésos son hombres sin deber» ¡nosotros tenemos siempre contra nosotros a los cretinos y a la apariencia visible!

227

La honestidad, suponiendo que ella sea nuestra virtud, de la cual no podemos desprendernos nosotros los espíritus libres bien, nosotros queremos laborar en ella con toda malicia y con todo amor y no cansarnos de «perfeccionarnos» en nuestra virtud, que es la única que nos ha quedado: ¡que alguna vez su brillo se extienda, cual una dorada, azul, sarcástica luz de atardecer, sobre esta cultura envejecida y sobre su obtusa y sombría seriedad! Y si, a pesar de todo, algún día nuestra honestidad se cansase y suspirase y estirase los miembros y nos considerase demasiado duros y quisiera ser tratada mejor, de un modo más ligero, más delicado, cual un vicio agradable: ¡permanezcamos duros, nosotros los últimos estoicos!, y enviemos en su ayuda todas las diabluras que aún nos quedan nuestra náusea frente a lo burdo e impreciso, nuestro niti mur in vetitum [nos lanzamos a lo prohibido], nuestro valor de aventureros, nuestra curiosidad aleccionada y exigente, nuestra más sutil, más enmascarada, más espiritual voluntad de poder y de superación del mundo, la cual merodea y yerra ansiosa en torno a todos los reinos del futuro, ¡acudamos en ayuda de nuestro «dios» con todos nuestros «diablos»! Es probable que a causa de esto no nos reconozcan y nos confundan con otros: ¡qué importa! Dirán: «Su 'honestidad' ¡es su diablura, y nada más!» ¡Qué importa! ¡Aun cuando tuviesen razón! ¿No han sido todos los dioses hasta ahora diablos rebautizados y declarados santos? ¿Y qué sabemos nosotros, en última instancia, de nosotros? ¿Y cómo quiere llamarse el espíritu que nos guía? (es una cuestión de nombres). ¿Y cuántos espíritus albergamos nosotros? Nuestra honestidad, nosotros los espíritus libres, ¡cuidemos de que no se convierta en nuestra vanidad, en nuestro adorno y vestido de gala, en nuestra limitación, en nuestra estupidez! Toda virtud se inclina a la estupidez, toda estupidez, a la virtud; «estúpido hasta la santidad», dícese en Rusia, ¡tengamos cuidado de no acabar nosotros volviéndonos, por honestidad, santos y aburridos! ¿No es la vida cien veces demasiado corta para aburrirse en ella? En la vida eterna tendríamos que creer para...

228

Perdóneseme el descubrimiento de que toda la filosofía moral ha sido hasta ahora aburrida y ha constituido un somnífero y de que, a mi ver, ninguna otra cosa ha perjudicado más a «la virtud» que ese aburrimiento de sus abogados; con lo cual no quisiera yo haber dejado de reconocer la utilidad general de éstos. Importa mucho que sean los menos posibles los hombres que reflexionen sobre moral, ¡importa muy mucho, por tanto, que la moral no llegue un día a hacerse interesante! ¡Pero no se tenga cuidado! Las cosas continúan estando también hoy como han estado siempre: no veo a nadie en Europa que tenga (o que dé) una idea de que la reflexión sobre la moral podría ser cultivada de un modo peligroso, capcioso, seductor, ¡de que en ello podría haber una «fatalidad»! Contémplese, por ejemplo, a los incansables, inevitables utilitaristas ingleses, de qué modo tan burdo y venerable caminan y marchan tras las huellas de Bentham (una comparación homérica lo dice con más claridad), de igual modo que éste caminó ya tras las huellas del venerable Helvetius (¡no, un hombre peligroso no lo fue ese Helvetius!). Ni un pensamiento nuevo, ni un giro y un pliegue más sutiles dados a un pensamiento antiguo, ni siquiera una verdadera historia de lo pensado con anterioridad: una literatura imposible en conjunto, suponiendo que no se sea experto en sazonarla con un poco de malicia. También en estos moralistas, en efecto (a los que hay que leer con todas las reservas mentales, en el caso de que haya que leerlos), se ha introducido furtivamente aquel viejo vicio inglés que se llama cant [guardar las apariencias] y que es tartufería moral, oculta esta vez bajo la nueva forma del cientificismo; tampoco falta un rechazo secreto de los remordimientos de conciencia, que padecerá obviamente una raza de antiguos puritanos, no obstante ocuparse de modo científico de la moral. (¿No es un moralista lo contrario de un puritano? ¿A saber, en cuanto es un pensador que considera la moral como algo problemático, cuestionable, en suma, como problema? ¿Moralizar no sería inmoral?) En última instancia todos ellos quieren que se dé la razón a la moralidad inglesa: en la medida en que justamente de ese modo es como mejor se sirve a la humanidad, o al «provecho general», o a la «felicidad de los más», ¡no!, a la felicidad de Inglaterra; querrían demostrarse a sí mismos con todas sus fuerzas que el aspirar a la felicidad inglesa, quiero decir al comfort [comodidad] y a la fashion [elegancia] (y, en supremo lugar, a un puesto en el Parlamento), es a la vez también el justo sendero de la virtud, incluso que toda la virtud que ha habido hasta ahora en el mundo ha consistido cabalmente en tal aspiración. Ninguno de esos animales de rebaño, torpes, inquietos en su conciencia (que pretenden defender la causa del egoísmo como causa del bienestar general), quiere saber ni oler nada de que el «bienestar general» no es un ideal, ni una meta, ni un concepto aprehensible de algún modo, sino únicamente un vomitivo, de que lo que es justo para uno no puede ser de ningún modo justo para otro, de que exigir una misma moral para todos equivale a lesionar cabalmente a los hombres superiores, en suma, de que existe un orden jerárquico entre un hombre y otro hombre y, en consecuencia, también entre una moral y otra moral. Constituyen una especie de hombres modesta, funda mentalmente mediocre, esos ingleses utilitaristas, y, como queda dicho: de su utilidad, por el hecho de ser aburridos, nunca podrá ser suficientemente elevada la idea que tengamos. Incluso se los debería alentar, como se ha intentado hacerlo en parte con los versos siguientes:

¡Salud a vosotros, bravos carreteros,
Siempre «cuanto más largo, tanto mejor»,
Tiesos siempre de cabeza y rodilla,
Carentes de entusiasmo, carentes de bromas,
Indestructiblemente mediocres,
Sans genie et sans esprit!
[¡sin genio y sin espíritu!].

229

En esas épocas tardías que tienen derecho a estar orgullosas de su humanitarismo subsisten, sin embargo, tanto miedo, tanta superstición del miedo al «animal salvaje y cruel», cuyo sometimiento constituye cabal mente el orgullo de esas épocas más humanas, que incluso las verdades palpables permanecen inexpresadas durante siglos, como si hubiera un acuerdo sobre ello, debido a que aparentan ayudar a que aquel animal salvaje, muerto por fin, vuelva a la vida. Quizá yo corra algún riesgo por dejarme escapar esa verdad: que otros la capturen de nuevo y le den a beber la necesaria cantidad de «leche del modo piadoso de pensar» para que quede quieta y olvidada en su antiguo rincón. Tenemos que cambiar de ideas acerca de la cruel dad y abrir los ojos; tenemos que aprender por fin a ser impacientes, para que no continúen paseándose por ahí, con aire de virtud y de impertinencia, errores inmodestos y gordos, tales como los que, por ejemplo, han sido alimentados con respecto a la tragedia por filósofos viejos y nuevos. Casi todo lo que nosotros denominamos «cultura superior» se basa en la espiritualización y profundización de la crueldad ésa es mi tesis; aquel «animal salvaje» no ha sido muerto en absoluto, vive, prospera, únicamente se ha divinizado. Lo que constituye la dolorosa voluptuosidad de la tragedia es crueldad; lo que produce un efecto agradable en la llamada compasión trágica y, en el fondo, incluso en todo lo sublime, hasta llegar a los más altos y delicados estremecimientos de la metafísica, eso recibe su dulzura únicamente del ingrediente de crueldad que lleva mezclado. Lo que disfrutaba el romano en el circo, el cristiano en los éxtasis de la cruz, el español ante las hogueras o en las corridas de toros, el japonés de hoy que se aglomera para ver la tragedia, el trabajador del suburbio de París que tiene nostalgia de revoluciones sangrientas,, la wagneriana que «aguanta», con la voluntad en vilo, Tristán e Isolda, lo que todos ésos disfrutan y aspiran a beber con un ardor misterioso son los brebajes aromáticos de la gran Circe llamada «Crueldad». En esto, desde luego, tenemos que ahuyentar de aquí a la psicología cretina de otro tiempo, que lo único que sabía enseñar acerca de la cruel dad era que ésta surge ante el espectáculo del sufrimiento ajeno: también en el sufrimiento propio, en el hacerse sufrir así mismo se da un goce amplio, amplísimo, y en todos los lugares en que el hombre se deja persuadir a la auto negación en el sentido religioso, o a la automutilación, como ocurre entre los fenicios y ascetas, o, en general, a la desensualización, desencarnación, contrición, al espasmo puritano de penitencia, a la vivisección de la conciencia y al pascaliano sacrfcio dell'intelletto [sacrificio del entendimiento], allí es secretamente atraído y empujado hacia adelante por su crueldad, por aquellos peligrosos estremecimientos de la crueldad vuelta contra nosotros mismos. Finalmente, considérese que incluso el hombre de conocimiento, al coaccionar a su espíritu a conocer, en contra de la inclinación del espíritu y también, con bastante frecuencia, en contra de los deseos del corazón, es decir, al coaccionarle a decir no allí donde él querría decir sí, amar, adorar , actúa como artista y glorificador de la crueldad; el tomar las cosas de un modo profundo y radical constituye ya una violación, un querer hacer daño a la voluntad fundamental del espíritu, la cual quiere ir incesantemente hacia la apariencia y hacia las superficies, en todo querer conocer hay ya una gota de crueldad.

230

Quizá no se entienda sin más lo que acabo de decir acerca de una «voluntad fundamental del espíritu»: permítaseme una aclaración. Ese algo imperioso a lo que el pueblo llama «el espíritu» quiere ser señor y sentirse señor dentro de sí mismo y a su alrededor: tiene voluntad de ir de la pluralidad a la simplicidad, una voluntad opresora, domeñadora, ávida de dominio y realmente dominadora.

Sus necesidades y capacidades son en esto las mismas que los fisiólogos atribuyen a todo lo que vive, crece y se multiplica. La fuerza del espíritu para apropiarse de cosas ajenas se revela en una tendencia enérgica a asemejar lo nuevo a lo antiguo, a simplificar lo complejo, a pasar por alto o eliminar lo totalmente contradictorio: de igual manera, el espíritu subraya, destaca de modo arbitrario y más fuerte, rectifica, falseándolos, determinados rasgos y líneas de lo extraño, de todo fragmento de «mundo externo». Su propósito se orienta a incorporar a sí nuevas «experiencias», a ordenar cosas nuevas bajo órdenes antiguos, es decir, al crecimiento, o dicho de modo aún más preciso, al sentimiento de la fuerza multiplicada. Al servicio de esa misma voluntad hállase también un instinto aparentemente contrario del espíritu, una súbita resolución de ignorar, de aislar se voluntariamente, un cerrar sus ventanas, un decir interiormente no a esta o a aquella cosa, un no dejar que nada se nos acerque, una especie de estado de defensa contra muchas cosas de las que cabe tener un saber, un contentarse con la oscuridad, con el horizonte que nos aísla, un decir sí a la ignorancia y un darla por buena: todo lo cual es necesario, de acuerdo con el grado de nuestra propia fuerza de asimilación, de nuestra «fuerza digestiva», para hablar en imágenes y en realidad a lo que más se asemeja «el espíritu» es a un estómago' . Asimismo forma parte de lo dicho la ocasional voluntad del espíritu de dejarse engañar, acaso porque barrunte pícaramente que las cosas no son de este y el otro modo, que únicamente nosotros las consideramos de ese y el otro modo, un placer en toda inseguridad y equivocidad, un exultante auto disfrute de la estrechez y clandestinidad voluntarias de un rincón, de lo demasiado cerca, de la fachada, de lo agrandado, empequeñecido, desplazado, embellecido, un auto disfrute de la arbitrariedad de todas esas exteriorizaciones de poder. Forman, en fin, parte de lo dicho aquella prontitud del espíritu, que no deja de dar que pensar, para engañar a otros espíritus y disfrazarse ante ellos, aquella presión y empuje permanentes de un espíritu creador, configurador, transmutador: el espíritu goza aquí de su pluralidad de máscaras y de su astucia, goza también del sentimiento de su seguridad en ello, ¡son cabalmente sus artes proteicas, en efecto, las que mejor lo defienden y esconden! En contra de esa voluntad de apariencia, de simplificación, de máscara, de manto, en suma, de superficie pues toda superficie es un manto actúa aquella sublime tendencia del hombre de conocimiento a tomar y querer tomar las cosas de un modo profundo, complejo, radical: especie de crueldad de la conciencia y el gusto intelectuales que todo pensador valiente reconocerá en sí mismo, suponiendo que, como es debido, haya endurecido y afilado durante suficiente tiempo sus ojos para verse a sí mismo y esté habituado a la disciplina rigurosa, también a las palabras rigurosas. Ese pensador dirá: «hay algo cruel en la inclinación de mi espíritu»: ¡que los virtuosos y amables intenten disuadirlo de ella! De hecho, más agradable de oír sería el que de nosotros de nosotros los espíritus libres, muy libres se dijese, se murmurase, se alabase que poseemos, por ejemplo, en lugar de crueldad, una «desenfrenada honestidad»: ¿y acaso será eso lo que diga en realidad nuestra fama póstuma? Entretanto pues hay tiempo hasta entonces a lo que menos nos inclinaríamos nosotros sin duda es a adornarnos con tales brillos y guirnaldas morales de palabras: todo nuestro trabajo realizado hasta ahora nos quita las ganas cabal mente de ese gusto y de su alegre exuberancia. Palabras hermosas, resplandecientes, tintineantes, solemnes son: honestidad, amor a la verdad, amor a la sabiduría, inmolación por el conocimiento, heroísmo del hombre veraz, hay en ellas algo que hace hincharse a nuestro orgullo. Pero nosotros los eremitas y marmotas, nosotros hace ya mucho tiempo que nos hemos persuadido, en el secreto de una conciencia de eremita, de que también ese digno adorno de palabras forma parte de los viejos y mentidos adornos, cachivaches y purpurinas de la inconsciente vanidad humana, y de que también bajo ese color y esa capa de pintura halagadores tenemos que reconocer de nuevo el terrible texto básico homo natura [el hombre naturaleza]. Retraducir, en efecto, el hombre a la naturaleza; adueñarse de las numerosas, vanidosas e ilusas interpretaciones y significaciones secundarias que han sido garabateadas y pintadas hasta ahora sobre aquel eterno texto básico homo natura; hacer que en lo sucesivo el hombre se enfrente al hombre de igual manera que hoy, endurecido en la disciplina de la ciencia, se enfrenta ya a la otra naturaleza con impertérritos ojos de Edipo y con tapados oídos de Ulises, sordo a las atrayentes melodías de todos los viejos caza pájaros metafísicos que durante demasiado tiempo le han estado soplando con su flauta: «¡Tú eres más! ¡Tú eres superior! ¡Tú eres de otra procedencia!» quizá sea ésta una tarea rara y loca, pero es una tarea ¡quién lo negaría! ¿Por qué hemos elegido nosotros esa tarea loca? O hecha la pregunta de otro modo: «¿Por qué, en absoluto, el conocimiento?» Todo el mundo nos preguntará por esto. Y nosotros, apremiados de ese modo, nosotros, que ya cien veces nos hemos preguntado a nosotros mismos precisamente eso, no hemos encontrado ni encontramos respuesta mejor que...

231

El aprender nos transforma, hace lo que hace todo alimento, el cual no se limita tampoco a «mantener»: como sabe el fisiólogo. Pero en el fondo de nosotros, totalmente «allá abajo», hay en verdad algo rebelde a todo aleccionamiento, una roca granítica de fatum [hado] espiritual, de decisión y respuesta predetermina das a preguntas predeterminadas y elegidas. En todo problema radical habla un inmodificable «esto soy yo»; acerca del varón y de la mujer, por ejemplo, un pensador no puede aprender nada nuevo, sino sólo aprender hasta el final, sólo descubrir hasta el final lo que acerca de esto «está fijo». Muy pronto encontramos ciertas soluciones de problemas que constituyen cabalmente para nosotros una fe sólida; quizá las llamemos en lo sucesivo nuestras «convicciones». Más tarde vemos en ellas únicamente huellas que nos conducen al conocimiento de nosotros mismos, indicadores que nos señalan el problema que nosotros somos, o más exactamente, la gran estupidez que nosotros somos, nuestro fatum [hado] espiritual, aquel algo rebelde a todo aleccionamiento que está totalmente «allá abajo». Teniendo en cuenta estas abundantes delicadezas que acabo de tener conmigo mismo, acaso me estará permitido enunciar algunas verdades acerca de la «mujer en sí»: suponiendo que se sepa de antemano, a partir de ahora, hasta qué punto son cabalmente nada más que mis verdades.

232

La mujer quiere llegar a ser independiente: y para ello comienza ilustrando a los varones acerca de la «mujer en sí» éste es uno de los peores progresos del afeamiento general de Europa. ¡Pues qué habrán de sacar a luz esas burdas tentativas del cientificismo y auto desnudamiento femeninos! Son muchos los motivos de pudor que la mujer tiene; son muchas las cosas pedantes, superficiales, doctrinarias, mezquinamente pre suntuosas, mezquinamente desenfrenadas e inmodestas que en la mujer hay escondidas ¡basta estudiar su trato con los niños! , cosas que, en el fondo, por lo que mejor han estado reprimidas y domeñadas hasta ahora ha sido por el miedo al varón. ¡Ay si alguna vez a lo «eternamente aburrido que hay en la mujer» ¡tiene abundancia de ello! le es lícito atreverse a manifestarse!, ¡si ella comienza a olvidar radicalmente y por principio su inteligencia y su arte, la inteligencia y el arte de la gracia, del jugar, del disipar las preocupaciones, de volver ligeras las cosas y tomárselas a la ligera, su sutil destreza para los deseos agradables!

Ya ahora se alzan voces femeninas que, ¡por San Aristófanes!, hacen temblar, se nos amenaza con decirnos con claridad médica qué es lo que la mujer quiere ante todo y sobre todo del varón. ¿No es de pésimo gusto que la mujer se disponga así a volverse científica? Hasta ahora, por fortuna, el explicar las cosas era asunto de varones, don de varones con ello éstos permanecían «por debajo de sí mismos»; y, en última instancia, con respecto a todo lo que las mujeres escriban sobre «la mujer» es lícito reservarse una gran desconfianza acerca de si la mujer quiere propiamente aclaración sobre sí misma y puede quererla... Si con esto una mujer no busca un nuevo adorno para sí yo pienso, en efecto, que el adornarse forma parte de lo eternamente femenino, bien, entonces lo que quiere es despertar miedo de ella: con esto quizá quiera dominio. Pero no quiere la verdad: ¡qué le importa la verdad a la mujer! Desde el comienzo, nada resulta más extraño, repugnante, hostil en la mujer que la verdad, su gran arte es la mentira, su máxima preocupación son la apariencia y la belleza. Confesémoslo nosotros los varones: nosotros honramos y amamos en la mujer cabalmente ese arte y ese instinto: nosotros, a quienes las cosas nos resultan más difíciles y que con gusto nos juntamos, para nuestro alivio, con seres bajo cuyas manos, miradas y delicadas tonterías, parecemos casi una tontería nuestra seriedad, nuestra gravedad y profundidad. Finalmente yo planteo esta pregunta: ¿alguna vez una mujer ha concedido profundidad a una cabeza de mujer, justicia a un corazón de mujer? ¿Y no es verdad que, a grandes rasgos, «la mujer» ha sido hasta ahora lo más desestimado por la mujer y no, en modo alguno, por nosotros? Nosotros los varones deseamos que la mujer no continúe desacreditándose mediante la ilustración: así como fue preocupación y solicitud del varón por la mujer el hecho de que la Iglesia decretase: mulier taceat in ecclesia! [¡calle la mujer en la iglesia!] Fue en provecho de la mujer por lo que Napoleón dio a entender a la demasiado locuaz Madame de Staél: mulier taceat in politicis! [¡calle la mujer en los asuntos políticos!] y yo pienso que es un auténtico amigo de la mujer el que hoy les grite a las mujeres: mulier taceat de muliere! [¡calle la mujer acerca de la mujer!]

233
Delata una corrupción de los instintos aun prescindiendo que delata un mal gusto el que una mujer invoque cabalmente a Madame Roland o a Madame de Staél o a Monsieur George Sand, como si con esto se demostrase algo a favor de la «mujer en sí».

Las mencionadas son, entre nosotros los varones, las tres mujeres ridículas en sí ¡nada más! y, cabalmente, los mejores e involuntarios contraargumentos en contra de la emancipación y en contra de la soberanía femenina.

234
La estupidez en la cocina; la mujer como cocinera; ¡el horroroso descuido con que se prepara el alimento de la familia y del dueño de la casa! La mujer no comprende qué significa la comida: ¡y quiere ser cocinera! ¡Si la mujer fuese una criatura pensante habría tenido que encontrar desde hace milenios, en efecto, como cocinera, los más grandes hechos fisiológicos, y asimismo habría tenido que apoderarse de la medicina! Las malas cocineras la completa falta de razón en la cocina, eso es lo que más ha retardado, lo que más ha perjudicado el desarrollo del ser humano: hoy mismo las cosas están únicamente un poco mejor.. Un discurso para alumnas de los cursos superiores.

235
Hay giros y ocurrencias del espíritu, hay sentencias, un pequeño puñado de palabras, en que una cultura entera, una sociedad entera quedan cristalizadas de repente. De ellos forma parte aquella frase incidental de Madame de Lambert a su hijo: mon ami, ne vous permettez jamais que defolies qui vous feront grand plai sir [amigo mío, no os permitáis nunca más que locuras que os produzcan un gran placer]: dicho sea de paso, la frase más maternal y más inteligente que se ha dirigido nunca a un hijo.

236
Lo que Dante y Goethe creyeron de la mujer el primero, al cantar ella guardaba suso, ed io in le¡ [ella miraba hacia arriba, y yo hacia ella], el segundo, al traducir lo anterior por «lo eterno femenino nos arrastra hacia arriba» : yo no dudo de que toda mujer un poco noble se opondrá a esa creencia, pues ella cree cabalmente eso de lo eterno masculino...

237
Siete refranillos sobre las mujeres:

¡Cómo vuela el aburrimiento más prolongado cuando un varón se arrastra hacia nosotras!

La vejez, ¡ay!, y la ciencia dan fuerza incluso a la virtud débil. El traje negro y el mutismo visten de inteligencia a cualquier mujer.

¿A quién estoy agradecida en mi felicidad? ¡A Dios! y a mi costurera.

Joven: caverna florida. Vieja: de ella sale un dragón.

Nombre noble, pierna bonita y, además, un varón: ¡oh si éste fuera mío!

Discurso corto, sentido largo ¡hielo resbaladizo para la burra!

Las mujeres han sido tratadas hasta ahora por los varones como pájaros que, desde una altura cualquiera, han caído desorientados hasta ellos: como algo más fino, más frágil, más salvaje, más prodigioso, más dulce, más lleno de alma, como algo que hay que encerrar para que no se escape volando.

238

No acertar en el problema básico «varón y mujer», negar que ahí se dan el antagonismo más abismal y la necesidad de una tensión eternamente hostil, soñar aquí tal vez con derechos iguales, educación igual, exigencias y obligaciones iguales: esto constituye un signo típico de superficialidad, y a un pensador que en este peligroso lugar haya demostrado ser superficial ¡superficial de instinto! es lícito considerarlo sospechoso, más todavía, traicionado, descubierto: probablemente será demasiado «corto» para todas las cuestiones básicas de la vida, también de la vida futura, y no podrá descender a ninguna profundidad. Por el contrario, un varón que tenga profundidad, tanto en su espíritu como en sus apetitos, que tenga también aquella profundidad de la benevolencia que es capaz de rigor y dureza, y que es fácil de confundir con éstos, no puede pensar nunca sobre la mujer más que de manera oriental: tiene que concebir a la mujer como posesión, como propiedad encerrable bajo llave, como algo predestinado a servir y que alcanza su perfección en la servidumbre, tiene que apoyarse aquí en la inmensa razón de Asia, en la superioridad de instintos de Asia, como lo hicieron antiguamente los griegos, los mejores herederos y discípulos de Asia, quienes, como es sabido, desde Homero hasta los tiempos de Pericles, conforme iba aumentando su cultura y extendiéndose su fuerza, se fueron haciendo también, paso a paso, más rigurosos con la mujer, en suma, más orientales. Qué necesario, qué lógico, qué humanamente deseable fue esto: ¡reflexionemos sobre ello en nuestro interior!

239

El sexo débil en ninguna otra época ha sido tratado por los varones con tanta estima como en la nuestra esto forma parte de la tendencia y del gusto básico democráticos, lo mismo que la irrespetuosidad para con la vejez, ¿qué de extraño tiene el que muy pronto se vuelva a abusar de esa estima? Se quiere más, se aprende a exigir, se acaba considerando que aquel tributo de estima es casi ofensivo, se preferiría la rivalidad por los derechos, incluso propiamente la lucha: en suma, la mujer pierde pudor. Añadamos enseguida que pierde también gusto. Desaprende a temer al varón: pero la mujer que «desaprende el temor» abandona sus instintos más femeninos. Que la mujer se vuelve osada cuando ya no se quiere ni se cultiva aquello que en el varón infunde temor o, digamos de manera más precisa, el varón existente en el varón, eso es bastante obvio, también bastante comprensible; lo que resulta más difícil de comprender es que cabalmente con eso la mujer degenera. Esto es lo que hoy ocurre: ¡no nos engañemos sobre ello! En todos los lugares en que el espíritu industrial obtiene la victoria sobre el espíritu militar y aristocrático la mujer aspira ahora a la independencia económica y jurídica de un dependiente de comercio: «la mujer como dependiente de comercio» se halla a la puerta de la moderna sociedad que está formándose. En la medida en que de ese modo se posesiona de nuevos derechos e intenta convertirse en «señor» e inscribe el «progreso» de la mujer en sus banderas y banderitas, en esa misma medida acontece, con terrible claridad, lo contrario: la mujer retrocede. Desde la Revolución francesa el influjo de la mujer ha disminuido en Europa en la medida en que ha crecido en derechos y exigencias; y la «emancipación de la mujer», en la medida en que es pedida y promovida por las propias mujeres (y no sólo por cretinos masculinos), resulta ser de ese modo un síntoma notabilísimo de la debilitación y el embotamiento creciente de los más femeninos de todos los instintos. Hay estupidez en ese movimiento, una estupidez casi masculina, de la cual una mujer bien constituida que es siempre una mujer inteligente tendría que avergonzarse de raíz.

Perder el olfato para percibir cuál es el terreno en que con más seguridad se obtiene la victoria; desatender la ejercitación en nuestro auténtico arte de las armas; dejarse ir ante el varón, tal vez incluso «hasta el libro», en lugar de observar, como antes, una disciplina y una sutil y astuta humildad; trabajar, con virtuoso atrevimiento, contra la fe del varón en un ideal radicalmente distinto encubierto en la mujer, en lo eterna y necesariamente femenino; disuadir al varón, de manera expresa y locuaz, de que la mujer tiene que ser mantenida, cuidada, protegida, tratada con indulgencia, cual un animal doméstico bastante delicado, extrañamente salvaje y, a menudo, agradable; el torpe e indignado rebuscar todo lo que de esclavo y servil ha tenido y aún tiene la posición de la mujer en el orden social vigente hasta el momento (como si la esclavitud fuese un contraargumento y no, más bien, una condición de toda cultura superior, de toda elevación de la cultura): ¿qué significa todo eso más que una disgregación de los instintos femeninos, una desfeminización? Desde luego, hay bastantes amigos idiotas de la mujer y bastantes pervertidores idiotas de la mujer entre los asnos doctos de sexo masculino que aconsejan a la mujer desfeminizarse de ese modo e imitar todas las estupideces de que en Europa está enfermo el «varón», la «masculinidad» europea, ellos quisieran rebajar a la mujer hasta la «cultura general», incluso hasta a leer periódicos e intervenir en la política. Acá y allá se quiere hacer de las mujeres librepensadores y literatos: como si una mujer sin piedad no fuera para un hombre profundo y ateo algo completamente repugnante o ridículo ; casi en todas partes se echa a perder los nervios de las mujeres con la más enfermiza y peligrosa de todas las especies de música (nuestra música alemana más reciente) y se las vuelve cada día más histéricas y más incapaces de atender a su primera y última profesión, la de dar a luz hijos vigorosos. Se las quiere «cultivar» aún más y, según se dice, se quiere, mediante la cultura, hacer fuerte al «sexo débil»: como si la historia no enseñase del modo más insistente posible que el «cultivo» del ser humano y el debilitamiento es decir, el debilitamiento, la disgregación, el enfermar de la fuerza de la voluntad, han marchado siempre juntos, y que las mujeres más poderosas e influyentes del mundo (última mente, la madre de Napoleón) han debido su poder y su preponderancia sobre los varones precisamente a su fuerza de voluntad ¡y no a los maestros de escuela!. Lo que en la mujer infunde respeto y, con bastante frecuencia, temor es su naturaleza, la cual es «más natural» que la del varón, su elasticidad genuina y astuta, como de animal de presa, su garra de tigre bajo el guante, su ingenuidad en el egoísmo, su ineducabilidad y su interno salvajismo, el carácter inaprensible, amplio, errabundo de sus apetitos y virtudes... Lo que, pese a todo el miedo, hace tener compasión de ese peligroso y bello gato que es la «mujer» es el hecho de que aparezca más doliente, más vulnerable, más necesitada de amor y más condenada al desengaño que ningún otro animal. Miedo y compasión: con estos sentimientos se ha enfrentado hasta ahora el varón a la mujer, siempre con un pie ya en la tragedia, la cual desgarra en la medida en que embelesa. ¿Cómo? ¿Y estará acabando esto ahora? ¿Y se trabaja para desencantar a la mujer? ¿Aparece lentamente en el horizonte la aburridificación de la mujer? ¡Oh Europa! ¡Europa! ¡Es conocido el animal con cuernos que más atractivo ha sido siempre para ti, del cual te viene siempre el peligro! Tu vieja fábula podría volver a convertirse en «historia», ¡la estupidez podría volver a adueñarse de ti y a arrebatarte! Y bajo ella no se escondería un dios, ¡no!, ¡sino únicamente una «idea», una «idea moderna»!...

SECCIÓN OCTAVA
PUEBLOS Y PATRIAS

240

He vuelto a oír por vez primera la obertura de Richard Wagner para Los maestros cantores: es éste un arte suntuoso, sobrecargado, grave y tardío, el cual tiene el orgullo de presuponer que, para comprenderlo, continúan estando vivos dos siglos de música: ¡honra a los alemanes el que semejante orgullo no se haya equivocado en el cálculo! ¡Qué savias y fuerzas, qué estaciones y climas están aquí mezclados! Unas veces nos parece anticuado, otras, extranjero, áspero y súper joven, es tan caprichoso como pomposamente tradicional, no raras veces es pícaro y, con más frecuencia todavía, rudo y grosero, tiene fuego y coraje y, a la vez, la reblandecida y amarillenta piel de los frutos que han madurado demasiado tarde. Corre ancho y lleno: y de repente surge un instante de vacilación inexplicable, como un vacío que se abre entre causa y efecto, una opresión que nos hace soñar, casi una pesadilla , pero ya vuelve a fluir, ancha y extensa, la vieja corriente de bienestar, de un bienestar sumamente complejo, de una felicidad vieja y nueva, en cuya cuenta se incluye, y mucho, la felicidad que el artista siente en sí mismo, de la cual no quiere él hacer un secreto, su asombrada y feliz consciencia de la maestría de los medios empleados aquí por él, medios artísticos nuevos, recién adquiridos y no probados antes, como parece darnos a entender. Vistas las cosas en conjunto, no hay aquí belleza, ni sur, ni la meridional y fina luminosidad del cielo, ni gracia, ni baile, ni apenas voluntad de lógica; incluso hay cierta torpeza, que además es subrayada, como si el artista quisiera decir nos: «ella forma parte de mi intención»; un aderezo pesado, una cosa voluntariamente bárbara y solemne, un centelleo de preciosidades y recamados doctos y venerables; una cosa alemana en el mejor y en el peor sentido de la palabra, una cosa compleja, informe e inagotable a la manera alemana; una cierta potencialidad y sobreplenitud alemanas del alma, que no tienen miedo de esconderse bajo los refinamientos de la decadencia, que acaso sea allí donde más a gusto se encuentren; un exacto y auténtico signo característico del alma alemana, que es a la vez joven y senil, extraordinariamente madura y extraordinariamente rica todavía de futuro. Esta especie de música es la que mejor expresa lo que yo pienso de los alemanes: son de anteayer y de pasado mañana, aún no tienen hoy.

241

Nosotros «los buenos europeos»: también nosotros tenemos horas en las que nos permitimos una patriotería decidida, un batacazo y recaída en viejos amores y estrecheces acabo de dar una prueba de ello, horas de hervores nacionales, de ahogos patrióticos y de todos los demás anticuados desbordamientos sentimentales. Espíritus más tardos que nosotros tardarán acaso amplios espacios de tiempo en desembarazarse de eso que en nosotros se limita a unas horas y en unas horas concluye, unos tardarán medio año, otros, media vida, según la rapidez y fuerza de su digestión y de su «metabolismo». Sí, yo podría imaginarme razas torpes, vacilantes, que incluso en nuestra presurosa Europa necesitarían medio siglo para superar tales atávicos ataques de patriotería y de apegamiento al terruño y para volver a retornar a la razón, quiero decir, al «buen europeísmo». Y mientras estoy divagando sobre esa posibilidad me acontece que asisto como testigo de oído a una conversación entre dos viejos «patriotas», evidentemente ambos oían mal y por ello hablaban tanto más alto. «Ése entiende y sabe de filosofía tanto como un labrador o un estudiante afiliado a una corporación decía uno: todavía es inocente. ¡Más qué importa eso hoy! Estamos en la época de las masas: éstas se prosternan ante todo lo masivo. Y eso ocurre también in politicis [en los asuntos políticos]. Un estadista que a las masas les levante una nueva torre de Babel, un monstruo cualquiera de Imperio y poder, ése es 'grande' para ellas: qué importa que nosotros los que somos más previsores y más reservados continuemos sin abandonar por el momento la vieja fe, según la cual únicamente el pensamiento grande es el que da grandeza a una acción o a una causa. Suponiendo que un estadista pusiese a su pueblo en condiciones de tener que hacer en lo sucesivo 'gran política', para la cual hállase aquél mal dotado y preparado por naturaleza: de modo que, por amor a una nueva y problemática mediocridad, se viese obligado a sacrificar sus virtudes viejas y seguras, suponiendo que un estadista condenase a su pueblo a 'hacer política' sin más, siendo así que hasta ahora ese mismo pueblo tuvo algo mejor que hacer y que pensar, y que en el fondo de su alma no se ha liberado de una previsora náusea frente a la inquietud, vaciedad y ruidosa pendenciosidad de los pueblos que propiamente hacen política: suponiendo que ese estadista aguijonease las adormecidas pasiones y apetitos de su pueblo, le reprochase su anterior timidez y su anterior gusto en permanecer al margen, le culpase de su extranjerismo y de su secreta infinitud, desvalorase sus más decididas inclinaciones, diese la vuelta a su conciencia, hiciese estrecho su espíritu, nacional su gusto, ¿cómo es que un estadista que hiciera todo eso, y al que su pueblo tendría que expiar por todo el futuro, en el caso de que tenga futuro, es que semejante estadista sería grande?» «¡Indudablemente! le respondió con vehemencia el otro viejo patriota : ¡de lo contrario, no habría sido capaz de hacer lo que ha hecho! ¡Quizás haya sido una locura querer algo así! ¡Mas tal vez todo lo grande no haya sido en sus comienzos más que una locura!» «¡Abuso de las palabras! replicó a gritos su interlocutor: ¡fuerte! ¡fuerte!, ¡fuerte y loco! ¡No gran de!» Los viejos se habían evidentemente acalorado cuando de ese modo se gritaban a la cara sus «verdades»; pero yo, en mi felicidad y mi más allá, consideraba cuán pronto dominaría al fuerte otro más fuerte; y también, que existe una compensación para la superficialización espiritual de un pueblo, a saber, la que se realiza mediante la profundización de otro.

242

Bien se denomine «civilización» o «humanización» o «progreso» a aquello en lo que ahora se busca el rasgo que distingue a los europeos; o bien se lo denomine sencillamente, sin alabar ni censurar, con una fórmula política, el movimiento democrático de Europa: detrás de todas las fachadas morales y políticas a que con tales fórmulas se hace referencia está realizándose un ingente proceso fisiológico, que fluye cada vez más, el proceso de un asemejamiento de los europeos, su creciente desvinculación de las condiciones en que se generan razas ligadas a un clima y a un estamento, su progresiva independencia de todo milieu [me dio] determinado, que a lo largo de siglos se inscribiría seguramente en el alma y en el cuerpo con exigencias idénticas, es decir, la lenta aparición en el horizonte de una especie esencialmente supranacional y nómada de ser humano, la cual, hablando fisiológicamente, posee como típico rasgo distintivo suyo un máximo de arte y de fuerza de adaptación. Este proceso del europeo que está deviniendo, proceso que puede ser retardado en su tempo [ritmo] por grandes recaídas, pero que tal vez justo por ello gane y crezca en vehemencia y profundidad de él forma parte el todavía furioso Sturm and Drang [borrasca e ímpetu] del «sentimiento nacional», y asimismo el anarquismo que acaba de aparecer en el horizonte, ese proceso está abocado probablemente a resultados con los cuales acaso sea con los que menos cuenten sus ingenuos promotores y panegiristas, los apóstoles de las «ideas modernas».

Las mismas condiciones nuevas bajo las cuales surgirán, hablando en términos generales, una nivelación y una mediocrización del hombre un hombre animal de rebaño útil, laborioso, utilizable y diestro en muchas cosas, son idóneas en grado sumo para dar origen a hombres excepción de una cualidad peligrosísima y muy atrayente. En efecto, mientras que aquella fuerza de adaptación que ensaya minuciosamente condiciones siempre cambiantes y que comienza un nuevo trabajo con cada generación, casi con cada decenio, no hace posible en modo alguno la potencialidad del tipo: mientras que la impresión global producida por tales europeos futuros será probablemente la de trabajadores aptos para muchas tareas, charlatanes, pobres de voluntad y extraordinariamente adaptables, que necesitan del señor, del que manda, como del pan de cada día; mientras que la democratización de Europa está abocada, por lo tanto, a engendrar un tipo preparado para la esclavitud en el sentido más sutil: en el caso singular y excepcional el hombre fuerte tendrá que resultar más fuerte y más rico que acaso nunca hasta ahora, gracias a la falta de prejuicios de su educación, gracias a la ingente multiplicidad de su ejercitación, su arte y su máscara. He querido decir: la democratización de Europa es a la vez un organismo involuntario para criar tiranos, entendida esta palabra en todos los sentidos, también en el más espiritual.

243

Con placer oigo decir que nuestro sol se desplaza con rápido movimiento hacia la constelación de Hércules: y yo espero que el hombre que vive en esta tierra actúe igual que el sol. ¡Y en vanguardia nosotros, nosotros los buenos europeos!

244

Hubo un tiempo en que la gente estaba habituada a otorgar a los alemanes la distinción de llamarlos «pro fundos»: ahora, cuando el tipo de mayor éxito del nuevo germanismo está ansioso de honores completa mente distintos y en todo lo que tiene profundidad echa de menos tal vez el «arrojo», casi resulta tempestiva y patriótica la duda de si en otro tiempo la gente no se engañaba con aquella alabanza: en suma, de si la profundidad alemana no era en el fondo algo distinto y peor y algo de que, gracias a Dios, se está en trance de desprenderse con éxito.

Hagamos, pues, el intento de modificar nuestras ideas sobre la profundidad alemana: para esto no se necesita más que una pequeña vivisección del alma alemana. El alma alemana es, ante todo, compleja, tiene orígenes dispares, se compone más bien de elementos yuxtapuestos y súper puestos, en lugar de estar realmente estructurada: esto depende de su procedencia. Un alemán que quisiera atreverse a afirmar: «dos almas habitan, ¡ay!, en mi pecho», faltaría gravemente a la verdad o, mejor dicho, quedaría muchas almas por detrás de la verdad. Por ser un pueblo en que ha habido la más gigantesca mezcolanza y rozamiento de razas, tal vez incluso con una preponderancia del elemento preario, por ser un «pueblo del medio» en todos los sentidos, los alemanes son más inasibles, más amplios, más contradictorios, más desconocidos, más incalculables, más sorprendentes, incluso más terribles que lo son otros pueblos para sí mismos: escapan a la definición y ya por eso son la desesperación de los franceses. A los ale manes los caracteriza el hecho de que entre ellos la pregunta «¿qué es alemán?» no se extingue nunca. Kotzebue conocía ciertamente bastante bien a sus alemanes: «Nos han reconocido», decíanle éstos, jubilosos, pero también Sand creía conocerlos. Jean Paul sabía lo que hacía cuando protestó furiosamente contra las mentirosas pero patrióticas adulaciones y exageraciones de Fichte, mas es probable que Goethe pensase sobre los alemanes de modo distinto que Jean Paul, a pesar de que dio la razón a éste en lo referente a Fichte. ¿Qué ha pensado Goethe propiamente sobre los alemanes? Sobre muchas de las cosas que lo rodeaban él nunca habló claro, y durante toda su vida fue experto en callar sutilmente: probablemente tenía buenas razones para hacerlo. Es cierto que no fueron las «guerras de liberación» 148 las que le hicieron alzar los ojos con mayor alegría, así como tampoco lo fue la Revolución francesa, el acontecimiento que le hizo cambiar de pensamiento sobre su Fausto e incluso sobre el entero problema «hombre» fue la aparición de Napoleón. Hay frases de Goethe en las cuales enjuicia con una impaciente dureza, como desde un país extranjero, aquello que los alemanes cuentan entre sus motivos de orgullo: el famoso Gemüth [talante] alemán lo define una vez como «indulgencia para con las debilidades ajenas y propias». ¿No tiene razón al decir esto? a los alemanes los caracteriza el hecho de que raras veces se carece totalmente de razón al hablar sobre ellos. El alma alemana tiene dentro de sí galerías y pasillos, hay en ella cavernas, escondrijos, calabozos; su desorden tiene mucho del atractivo de lo misterioso; el alemán es experto en los caminos tortuosos que conducen al caos. Y como toda cosa ama su símbolo, así el alemán ama las nubes y todo lo que es poco claro, lo que se halla en devenir, lo crepuscular, lo húmedo y velado: lo incierto, lo no configurado, lo que se desplaza, lo que crece, cualquiera que sea su índole, eso él lo siente como «profundo». El alemán mismo no es, sino que deviene, «se desarrolla». El «desarrollo» es, por eso, el auténtico hallazgo y acierto alemán en el gran imperio de las fórmulas filosóficas 1so: un concepto soberano que, en alianza con la cerveza alemana y con la música alemana, trabaja en germanizar a Europa entera. Los extranjeros se detienen, asombrados y atraídos, ante los enigmas que les plantea la naturaleza contradictoria que hay en el fondo del alma alemana (naturaleza contradictoria que Hegel redujo a sistema y Richard Wagner, última mente, todavía a música).

«Bonachones y pérfidos» esa yuxtaposición, absurda con respecto a cualquier otro pueblo, se justifica por desgracia con demasiada frecuencia en Alemania: ¡basta con vivir un poco de tiempo entre suabos! La torpeza del docto alemán, su insulsez social se compadecen horrosamente bien con una volatinería íntima y con una desenvuelta audacia, de las cuales todos los dioses han aprendido ya a tener miedo. Si se quiere el «alma alemana» mostrada ad oculos [ante la vista] basta con mirar en el interior del gusto alemán, de las artes y costumbres alemanas: ¡qué rústica indiferencia frente al gusto! ¡Cómo se hallan juntos allí lo más noble y lo más vulgar! ¡Qué desordenada y rica es toda esa economía psíquica! El alemán lleva a rastras su alma, lleva a rastras todas las vivencias que tiene. Digiere mal sus acontecimientos, no se «desembaraza» nunca de ellos; la profundidad alemana es a menudo tan sólo una mala y retarda da «digestión». Y así como todos los enfermos crónicos, todos los dispépticos, tienen inclinación a la comodidad, así el alemán ama la «franqueza» y la «probidad»: ¡qué cómodo es ser franco y probo! Acaso hoy el disfraz más peligroso y más afortunado en que el alemán es experto consista en ese carácter familiar, complaciente, de cartas boca arriba, que tiene la honestidad alemana: ése es su auténtico arte mefistofélico, ¡con él puede «llegar todavía lejos»! El alemán se deja ir y contempla eso con sus fieles, azules, vacíos ojos alemanes ¡y enseguida el extranjero lo confunde con su camisa de dormir! He querido decir: sea lo que sea la «profundidad alemana», ¿acaso no nos permitimos, muy entre nosotros, reírnos de ella? hacemos bien en continuar honrando su apariencia y su buen nombre y en no cambiar a un precio demasiado barato nuestra vieja reputación de pueblo de la profundidad por el «arrojo» prusiano y por el ingenio y la arena de Berlín.

Para un pueblo es cosa inteligente hacerse pasar por profundo, inhábil, bonachón, honesto, no inteligente: esto podría incluso ¡ser profundo! En última instancia: debemos honrar nuestro propio nombre no en vano nos llamamos das «tiusche» Volk, el pueblo engañoso...

245

Los «viejos y buenos tiempos» han acabado, con Mozart entonaron su última canción: ¡qué felices somos nosotros por el hecho de que su rococó nos continúe hablando, por el hecho de que a su «buena sociedad», a su delicado entusiasmo y a su gusto infantil por lo chinesco y florido, a su cortesía del corazón, a su anhelo de cosas graciosas, enamoradas, bailarinas, bienaventuradas hasta el llanto, a su fe en el sur les continúe siendo lícito apelar a un cierto residuo existente en nosotros! ¡Ay, alguna vez esto habrá pasado! ¡más quién dudaría de que antes habrá desaparecido la capacidad de entender y saborear a Beethoven! el cual no fue, en efecto, más que el acorde final de una transición estilística y de una ruptura de estilo, y no, como Mozart, el acorde final de un gran gusto europeo que había durado siglos. Beethoven es el acontecimiento intermedio entre un alma vieja y reblandecida, que constantemente se resquebraja, y un alma futura y su perjoven que está llegando constantemente; sobre su música se extiende esa crepuscular luz propia del eterno perder y del eterno y errabundo abrigar esperanzas, la misma luz en que Europa estaba bañada cuando, con Rousseau, había soñado, cuando bailó alrededor del árbol de la libertad de la Revolución y, por fin, casi adoró a Napoleón. Mas con qué rapidez se desvanece ahora precisamente ese sentimiento, qué difícil resulta hoy saber algo de ese sentimiento, ¡qué extraña suena a nuestros oídos la lengua de aquellos Rousseau, Schiller, Shelley, Byron, en los cuales, juntos, encontró su camino hacia la palabra el mismo destino de Europa que en Beethoven había sabido cantar! La música alemana que vino después forma parte del romanticismo, es decir, de un movimiento que, en un cálculo histórico, es todavía más corto, todavía más fugaz, todavía más superficial que aquel gran entreacto, que aquella transición de Europa que se extiende desde Rousseau hasta Napoleón y hasta la aparición de la democracia en el horizonte. Weber: ¡qué son para nosotros hoy Der Freischütz [El cazador furtivo] y Oberón! ¡O Hans Heiling y El vampiro, de Marschner! ¡E incluso el Tannháuser, de Wagner! Es ésta una música que ha ido dejando de sonar, si bien todavía no está olvidada. Toda esta música del romanticismo, además, no era suficientemente aristocrática, no era suficientemente música como para lograr imponerse también en otros lugares distintos, además de en el teatro y ante la multitud; era de antemano música de segundo rango, que entre músicos verdaderos es tenida poco en cuenta. Cosa distinta ocurrió con Félix Mendelssohn, ese maestro alciónico que, por tener un alma más ligera, más pura, más afortunada, fue rápidamente honrado y asimismo rápidamente olvidado: como el bello intermedio de la música alemana. En lo que se refiere a Robert Schumann, que tomaba todo en serio y a quien desde el principio se lo tomó también en serio es el último que ha fundado una escuela, ¿no se considera hoy entre nosotros como una felicidad, como un respiro de alivio, como una liberación el hecho de que precisamente ese romanticismo schumanniano esté superado? Schumann, refugiado en la «Suiza sajona» de su alma, hecho a medias a la manera de Werther y a medias a la manera de Jean Paul, ¡ciertamente, no a la de Beethoven!, ¡ciertamente, no a la de Byron! su música sobre el Manfredo es un desacierto y un malentendido que llegan hasta la injusticia, Schumann, con su gusto, que en el fondo era un gusto pequeño (es decir, una tendencia peligrosa, doblemente peligrosa entre alemanes, hacia el tranquilo lirismo y la borrachera del sentimiento), un hombre que constantemente se hace a un lado, que se encoge y se retrae tímidamente, un noble alfeñique que se regodeaba en una felicidad y un dolor meramente anónimos, una especie de muchacha y de poli me tangere [no me toques] desde el comienzo: este Schumann no fue ya en música más que un acontecimiento alemán, y no un acontecimiento europeo, como lo fue Beethoven, como lo había sido, en medida aún más amplia, Mozart, con él la música alemana corrió su máximo peligro de perder la voz para expresar el alma de Europa y de rebajarse a ser mera patriotería.

246

¡Qué tortura son los libros escritos en alemán para el hombre que dispone de un tercer oído! ¡Con qué repugnancia se detiene ese hombre junto a ese pantano, que lentamente va dándose la vuelta, de acordes carentes de armonía, de ritmos sin baile, que entre alemanes se llama un «libro»! ¡Y nada digamos del alemán que lee libros! ¡De qué manera tan perezosa, tan a regañadientes, tan mala lee! Qué pocos alemanes saben y se exigen a sí mismos saber que en toda buena frase se esconde arte, ¡arte que quiere ser adivinado en la medida en que la frase quiere ser entendida! Un malentendido acerca de su tempo [ritmo], por ejemplo: ¡y la frase misma es malentendida!

No permitirse tener dudas acerca de cuáles son las sílabas decisivas para el ritmo, sentir como algo querido y como un atractivo la ruptura de la simetría demasiado rigurosa, prestar oídos finos y pacientes a todo staccato [despegado], a todo rubato [ritmo libre], adivinar el sentido que hay en la sucesión de las vocales y diptongos y el modo tan delicado y vario como pueden adoptar un color y cambiar de color en su sucesión: ¿quién, entre los alemanes lectores de libros, está bien dispuesto a reconocer tales deberes y exigencias y a prestar atención a tanto arte e intención encerrados en el lenguaje? La gente no tiene, en última instancia, precisamente «oídos para esto»: por lo cual no se oyen las antítesis más enérgicas del estilo y se derrocha inútilmente, como ante sordos, la maestría artística más sutil. Éstos fueron mis pensamientos cuando noté de qué modo tan torpe y obtuso confundía la gente a dos maestros en el arte de la prosa, uno al que las palabras le gotean lentas y frías, como desde el techo de una húmeda caverna él cuenta con su sonido y su eco sofocados y otro que maneja su lengua como una espada flexible y que desde el brazo hasta los dedos del pie siente la peligrosa felicidad de la hoja vibrante, extraordinariamente afilada, que quiere morder, silbar, cortar.

247

Que el estilo alemán tiene que ver muy poco con la armonía y con los oídos muéstralo el hecho de que justo nuestros buenos músicos escriben mal. El alemán no lee en voz alta, no lee para los oídos, sino simplemente con los ojos: al leer ha encerrado sus oídos en el cajón. El hombre antiguo, cuando leía esto ocurría bastante raramente lo que hacía era recitarse algo a sí mismo, y desde luego en voz alta; la gente se admiraba cuando alguien leía en voz baja, preguntándose a escondidas por las razones de ello. En voz alta: esto quiere decir, con todas las hinchazones, inflexiones, cambios de tono y variaciones de tempo [ritmo] en que se complacía el mundo público de la Antigüedad. Entonces las leyes del estilo escrito eran aún las mismas que las del estilo hablado; y las leyes de éste dependían, en parte, del asombroso desarrollo, de las refinadas necesidades de los oídos y de la laringe y, en parte, de la fuerza, duración y potencia de los pulmones antiguos. Tal como lo entendían los antiguos, un período es en primer término un todo fisiológico, en la medida en que está contenido en una sola respiración. Períodos tales como los que aparecen en Demóstenes, en Cicerón, que se hinchan dos veces y otras dos veces se deshinchan, y todo ello dentro de una sola respiración: ésos son goces para hombres antiguos, los cuales sabían, por su propia instrucción escolar, apreciar la virtud que hay en ello, lo raro y difícil que es declamar tal período: ¡nosotros no tenemos propiamente ningún derecho al gran período, nosotros los modernos, nosotros los hombres de aliento corto en todos los sentidos! Aquellos antiguos, en efecto, eran todos ellos diletantes de la oratoria, y en consecuencia expertos, y en consecuencia críticos, de este modo empujaban a sus oradores a llegar hasta el extremo; de igual manera que en el siglo pasado, cuando todos los italianos e italianas eran expertos en cantar, el virtuosismo del canto (y con esto también el arte de la melodía) llegó entre ellos a la cumbre. Pero en Alemania (hasta la época más reciente, en que una especie de elocuencia de tribunos agita sus jóvenes alas con bastante timidez y torpeza) no ha habido propiamente más que un único género de oratoria pública y más o menos conforme a las reglas del arte: la que se hacía desde el púlpito. Sólo el predicador sabía en Alemania cuál es el peso de una sílaba, cuál el de una palabra, hasta qué punto una frase golpea, salta, se precipita, corre, fluye, él era el único que en los oídos tenía conciencia, con bastante frecuencia una conciencia malvada: pues no faltan motivos para pensar que precisamente el alemán alcanza habilidad en la oratoria raras veces, casi siempre demasiado tarde. La obra maestra de la prosa alemana es por ello, obviamente, la obra maestra de su máximo predicador: la Biblia ha sido hasta ahora el mejor libro alemán. Comparado con la Biblia de Lutero, casi todo lo demás es sólo «literatura» cosa ésta que no es en Alemania donde ha crecido, y que por ello tampoco ha arraigado ni arraiga en los corazones alemanes: como lo ha hecho la Biblia.

248
Hay dos especies de genio: uno que ante todo fecunda y quiere fecundar a otros, y otro al que le gusta dejarse fecundar y dar a luz. Y, de igual modo, hay entre los pueblos geniales unos a los que les ha correspondido el problema femenino del embarazo y la secreta tarea de plasmar, de madurar, de consumar; los griegos, por ejemplo, fueron un pueblo de esa especie, asimismo los franceses; y otros que tienen que fecundar y que se convierten en la causa de nuevos órdenes de vida, como los judíos, los romanos, ¿y, hecha la pregunta con toda modestia, los alemanes? pueblos atormentados y embelesados por fiebres desconocidas, pueblos irresistiblemente arrastrados fuera de sí mismos, enamorados y ávidos de razas extrañas (de razas que se «dejen fecundar») y, en esto, ansiosos de dominio, como todo lo que se sabe lleno de fuerzas fecundantes, y, en consecuencia, «por la gracia de Dios». Estas dos especies de genio búscanse como el varón y la mujer; pero también se malentienden uno al otro, como el varón y la mujer.

249
Cada pueblo tiene su tartufería propia, y la denomina sus virtudes. Lo mejor que uno es, eso él no lo conoce, no puede conocerlo.

250

¿Qué debe Europa a los judíos? Muchas cosas, buenas y malas, y ante todo una que es a la vez de las mejores y de las peores: el gran estilo en la moral, la terribilidad y la majestad de exigencias infinitas, de significados infinitos, todo el romanticismo y sublimidad de las problemáticas morales y, en consecuencia, justo la parte más atractiva, más capciosa y más selecta de aquellos juegos de colores y de aquellas seducciones que nos incitan a vivir, en cuyo resplandor final brilla, tal vez está dejando de brillar hoy el cielo de nuestra cultura europea, su cielo de atardecer. Nosotros los artistas entre los espectadores y filósofos sentimos por ello frente a los judíos gratitud.

251

Es preciso resignarse a que sobre el espíritu de un pueblo que padece, que quiere padecer de la fiebre nerviosa nacional y de la ambición política pasen múltiples nubes y perturbaciones o, dicho brevemente, pequeños ataques de estupidizamiento: por ejemplo, entre los alemanes de hoy, unas veces la estupidez anti francesa, otras la antijudía, otras la antipolaca, otras la cristiano romántica, otras la wagneriana, otras la teutónica, otras la prusiana (contémplese a esos pobres historiadores, a esos Sybel y Treitzschke y sus cabezas reciamente vendadas), y como quieran llamarse todas esas pequeñas obnubilaciones del espíritu y la con ciencia alemanes. Perdóneseme el que tampoco yo, durante una breve y osada estancia en terrenos muy infectados, haya permanecido completamente inmune a la enfermedad, y el que a mí, como a todo el mundo, hayan empezado ya a ocurrírseme pensamientos sobre cosas que en nada me atañen: primera señal de la infección política. Por ejemplo, sobre los judíos: óigaseme.

Todavía no me he encontrado con ningún alemán que haya sentido simpatía por los judíos; y por muy incondicional que sea la repulsa del auténtico antisemitismo por parte de todos los hombres previsores y políticos, tampoco esa previsión y esa política se dirigen, sin embargo, contra el género mismo del sentimiento, sino sólo contra su peligrosa inmoderación, en especial contra la expresión insulsa y deshonrosa de ese inmoderado sentimiento, sobre esto no es lícito engañarse. Que Alemania tiene judíos en abundancia suficiente, que el estómago alemán, la sangre alemana tienen dificultad (y seguirán teniendo dificultad durante largo tiempo) aun sólo para digerir y asimilar ese quantum [cantidad] de «judío» de igual manera que lo han digerido y asimilado el italiano, el francés, el inglés, merced a una digestión más robusta, eso es lo que dice y expresa claramente un instinto general al cual hay que prestar oídos, de acuerdo con el cual hay que actuar. «¡No dejar entrar nuevos judíos! ¡Y, ante todo, cerrar las puertas por el Este (también por el Imperio del Este)!», eso es lo que ordena el instinto de un pueblo cuya naturaleza es todavía débil e indeterminada, de modo que con facilidad se la podría hacer desaparecer, con facilidad podría ser borrada por una raza más fuerte. Pero los judíos son, sin ninguna duda, la raza más fuerte, más tenaz y más pura que vive ahora en Europa; son diestros en triunfar aun en las peores condiciones (mejor incluso que en condiciones favorables), merced a ciertas virtudes que hoy a la gente le gusta tildar de vicios, gracias sobre todo a una fe decidida, la cual no necesita avergonzarse frente a las «ideas modernas»; los judíos se modifican siempre, cuando se modifican, de la misma manera que el Imperio ruso hace sus conquistas, como un Imperio que tiene tiempo y que no es de ayer, es decir, de acuerdo con la máxima «¡lo más lentamente posible!» Un pensador que tenga sobre su conciencia el futuro de Europa contará, en todos los proyectos que trace en su interior sobre ese futuro, con los judíos y asimismo con los rusos, considerándolos como los factores por lo pronto más seguros y más probables en el gran juego y en la gran lucha de las fuerzas. Lo que hoy en Europa se denomina «nación», y que en realidad es más una res facta [cosa hecha] que nata [cosa nacida] (incluso se asemeja a veces, hasta confundirse con ella, a una res ficta et picta [cosa fingida y pintada]), es en todo caso algo que está en devenir, una cosa joven, fácil de desplazar, no es todavía una raza y mucho menos es algo aere perennius [más perenne que el bronce], como lo es la raza judía: ¡esas naciones deberían, pues, evitar con mucho cuidado toda concurrencia y toda hostilidad nacidas de un calentamiento de la cabeza! Que los judíos, si quisieran o si se los coaccionase a ello, como parecen querer los antisemitas, podrían tener ya ahora la preponderancia e incluso, hablando de modo completamente literal, el dominio de Europa, eso es una cosa segura; y también lo es que no trabajan ni hacen planes en ese sentido. Antes bien, por el momento lo que quieren y desean, incluso con cierta insistencia, es ser absorbidos y succionados en Europa, por Europa, anhelan estar fijos por fin en algún sitio, ser permitidos, respetados, y dar una meta a la vida nómada, al «judío eterno» ; y se debería tener muy en cuenta y complacer esa tendencia y ese impulso (los cuales acaso manifiesten una atenuación de los instintos judíos): para lo cual tal vez fuera útil y oportuno desterrar a todos los voceado res antisemitas del país. Se debería acoger a los judíos con toda cautela, haciendo una selección; más o me nos, como actúa la nobleza inglesa. Resulta manifiesto que quienes podrían entrar en relaciones con ellos sin el menor escrúpulo son los tipos más fuertes y más firmemente troquelados ya de la nueva germanidad, por ejemplo el oficial noble de la Marca: tendría múltiple interés ver si no se podría hacer un injerto, un cruce entre el arte heredado de mandar y obedecer en ambas cosas resulta hoy clásico el mencionado país y el genio del dinero y de la paciencia (y sobre todo, algo de espíritu y de espiritualidad, que tanto faltan en el mencionado lugar). Sin embargo, lo que aquí procede es interrumpir mi jovial alemanería y mi solemne discurso: pues estoy llegando ya a lo que para mí es serio, al «problema europeo» tal como yo lo entiendo, a la selección de un nueva casta que gobierne a Europa.

252

Esos ingleses no son una raza filosófica: Bacon significa un atentado contra el espíritu filosófico en cuanto tal, Hobbes, Hume y Locke, un envilecimiento y devaluación del concepto «filosófico» por más de un siglo. Contra Hume se levantó y alzó Kant; de Locke le fue lícito a Schelling decir: je meprise Locke [yo desprecio a Locke]; en la lucha contra la cretinización anglomecanicista del mundo estuvieron acordes Hegel y Schopenhauer (con Goethe), esos dos hostiles genios hermanos en filosofía, que tendían hacia los polos opuestos del espíritu alemán y que por ello se hacían injusticia como sólo se la hacen cabalmente los hermanos. Qué es lo que falta y qué es lo que ha faltado siempre en Inglaterra sabíalo bastante bien aquel semicomediante y retor, aquella insulsa cabeza revuelta que era Carlyle, el cual trataba de ocultar bajo muecas apasionadas lo que él sabía de sí mismo, a saber, qué era lo que le faltaba a Carlyle auténtica potencia en la espiritualidad, auténtica profundidad en la mirada espiritual, en suma, filosofía. A esa no filosófica raza caracterízala el hecho de atenerse rigurosamente al cristianismo: necesita la disciplina «moralizadora» y humanizadora del cristianismo. El inglés, que es más sombrío, más sensual, más fuerte de voluntad y más brutal que el alemán es justo por ello, por ser el más vulgar de los dos, más piadoso también que el alemán: tiene más necesidad cabalmente del cristianismo. Para olfatos más sutiles ese cristianismo inglés desprende incluso un efluvio genuinamente inglés de spleen [desgana] y de desenfreno alcohólico, contra los cuales se lo usa, por buenas razones, como medicina, es decir, se usa un veneno más fino contra otro más grosero: un envenenamiento más fino representa ya de hecho, entre pueblos torpes, un progreso, un paso hacia la espiritualización. La torpeza y la rústica seriedad de los ingleses encuentran su disfraz más soportable, o dicho con más exactitud: su interpretación y reinterpretación más soportables en la mímica cristiana y en el orar y cantar salmos; y para ese rebaño de borrachos y disolutos que aprende a gruñir moralmente, en otro tiempo bajo la violencia del metodismo, y de nuevo, recientemente, en forma de «Ejército de Salvación», una convulsión de penitencia puede ser en verdad la realización relativamente más alta de «humanidad» a la que se lo puede elevar: admitir esto es lícito y justo. Pero lo que resulta ofensivo incluso en el inglés más humano es su falta de música, o, hablando con metáfora (y sin metáfora): el inglés no tiene ritmo ni baile en los movimientos de su alma y de su cuerpo y ni siquiera tiene el deseo de ritmo y baile, de «música». Óigasele hablar; véase caminar a las inglesas más bellas no existen en ningún país de la tierra palomas y cisnes más bellos, en fin: ¡óigaselas cantar! Pero estoy exigiendo demasiado...

253

Hay verdades tales que son las cabezas mediocres las que mejor las conocen, ya que son las más conformes a ellas, hay verdades tales que sólo poseen atractivos y fuerzas de seducción para espíritus mediocres: a esta tesis, tal vez desagradable, vémonos empujados precisamente ahora, desde que el espíritu de unos ingleses estimables pero mediocres doy los nombres de Darwin, John Stuart Mill y Herbert Spencer comienza a adquirir preponderancia en la región media del gusto europeo. De hecho, ¿quién pondría en duda la utilidad de que dominen temporalmente tales espíritus? Sería un error considerar que cabalmente los espíritus de elevado linaje y de vuelo separado son especialmente hábiles para detectar muchos pequeños hechos vulgares, para coleccionarlos y reducirlos a fórmulas: antes bien, en cuanto son excepciones, de antemano carecen de una actitud favorable para con las «reglas». En última instancia, tienen algo más que hacer que sólo conocer a saber, ¡ser algo nuevo, significar algo nuevo, representar valores nuevos! El abismo entre tener conocimientos y tener capacidad de obrar quizá sea más grande, también más inquietan te de lo que se piensa: el hombre capaz de realizar algo en gran estilo, el creador, tendrá que ser posible mente un ignorante, mientras que, por otro lado, para hacer descubrimientos científicos del género de los de Darwin no constituyen una mala disposición indudablemente una cierta estrechez, una cierta avidez y una cierta solicitud diligente, en suma, un carácter inglés. No se olvide, en fin, que los ingleses han causa do ya una vez, con su bajo nivel medio, una depresión global del espíritu europeo: lo que se llama «las ideas modernas» o «las ideas del siglo dieciocho» o también «las ideas francesas» es decir, aquello contra lo que el espíritu alemán se levantó con profunda náusea, eso era de origen inglés, de ello no cabe duda. Los franceses fueron tan sólo los monos y comediantes de esas ideas, también sus mejores soldados, así mismo, por desgracia, sus primeras y más completas víctimas: pues a causa de la condenada anglomanía de las «ideas modernas» el áme franfaise [alma francesa] ha acabado volviéndose tan flaca y macilenta que hoy nos acordamos, casi sin creerlo, de sus siglos XVI y XVII, de su profunda y apasionada fuerza, de su inventiva aristocracia. Pero es preciso retener con los dientes esta tesis de equidad histórica y defenderla contra el instante y la apariencia visible: la noblesse [nobleza] europea del sentimiento, del gusto, de la costumbre, en suma, entendida esa palabra en todo sentido elevado es obra e invención de Francia, la vulgaridad europea, el plebeyismó de las ideas modernas de Inglaterra.

254

También ahora continúa siendo Francia la sede de la cultura más espiritual y refinada de Europa y la alta escuela del gusto: pero hay que saber encontrar esa «Francia del gusto». Quien forma parte de ella se mantiene bien oculto: sin duda constituyen un número pequeño los hombres en los que esa Francia se encarna y vive, y son, además, hombres que no están asentados sobre piernas muy robustas, hombres en parte fatalistas, de ceño sombrío, enfermos, y en parte enervados y artificiosos, que tienen la ambición de ocultarse. Algo es común a todos ellos: cierran sus oídos a la furibunda estupidez y a la ruidosa locuacidad del bour geois [burgués] democrático. De hecho lo que hoy se agita en el primer plano es una Francia que se ha vuelto estúpida y grosera, recientemente ha celebrado, en el entierro de Víctor Hugo, una verdadera orgía de falta de gusto y, a la vez, de admiración de sí misma. También otra cosa les es común a esos hombres: una buena voluntad de oponerse a la germanización espiritual ¡y una incapacidad todavía mejor de lograrlo! En esta Francia del espíritu, que es también una Francia del pesimismo, tal vez haya llegado ahora Schopenhauer a estar más en su casa, en su patria, que lo estuvo nunca en Alemania; para no hablar de Heinrich Heine, el cual hace ya mucho tiempo que ha pasado a formar parte de la carne y la sangre de los más sutiles y exigentes líricos de París, o de Hegel, que hoy, en la figura de Taine es decir, del primer historiador vivo , ejerce un influjo casi tiránico. En lo que se refiere a Richard Wagner: cuanto más aprenda la música francesa a configurarse de acuerdo con las verdaderas necesidades del áme moderne [alma moderna], tanto más «wagnerizará», eso es lícito predecirlo, ¡ya ahora está haciéndolo bastante! Tres son, sin embargo, las cosas que los franceses pueden hoy mostrar con orgullo como herencia y patrimonio suyos y como indeleble señal de una vieja superioridad de cultura sobre Europa, a pesar de toda la voluntaria o involuntaria germanización y aplebeyamiento del gusto: en primer lugar, la capacidad de sentir pasiones artísticas, de entregarse a la «forma», capacidad para designar la cual se ha inventado, junto a otras mil, la frase l'art pour l'art [el arte por el arte] : esto es algo que no ha faltado en Francia desde hace tres siglos y que ha posibilitado una y otra vez, gracias al respeto al «número pequeño», una especie de música de cámara de la literatura, que en vano se busca en el resto de Europa . Lo segundo sobre lo que los franceses pueden fundar una superioridad sobre Europa es su antigua y compleja cultura moralista, la cual hace que, hablando en general, incluso en pequeños romanciers [novelistas] de periódicos y en ocasionales boulevar diers de Paris [escritores de boulevard de París] se encuentren una excitabilidad y una curiosidad psicológicas de que en Alemania, por ejemplo, no se tiene la menor idea (¡y mucho menos la cosa!). Fáltales a los alemanes para ello un par de siglos de carácter moralista, que, como hemos dicho, Francia no se ha ahorrado; quien llame por ello «ingenuos» a los alemanes cambia un defecto suyo en una alabanza. (Como antítesis de la inexperiencia y la inocencia alemanas in voluptate psychologica [en la voluptuosidad psicológica], las cuales están emparentadas, y no de lejos, con el aburrimiento de la vida social alemana, y como expresión logradísima de una curiosidad y un talento inventivo auténticamente franceses para este reino de estremecimientos delicados, podemos considerar a Henri Beyle, ese notable hombre anticipador y precursor, que, con un tempo [ritmo] napoleónico, atravesó a la carrera su Europa, muchos siglos de alma europea, como un rastreador y descubridor de esa alma: dos generaciones han sido precisas para darle alcance en cierto modo, para adivinar tardíamente algunos de los enigmas que lo atormentaban y embelesaban a él, a ese prodigioso epicúreo y hombre interrogación, que ha sido el último psicólogo grande de Francia .) Hay todavía un tercer título de superioridad: en la esencia de los franceses se da una síntesis, lograda a medias, entre el norte y el sur, la cual les permite comprender muchas cosas y les ordena hacer otras que un inglés no comprenderá jamás; su temperamento, que periódicamente se vuelve hacia el sur y se aleja de él, en el cual la sangre provenzal y ligur rebosa de cuando en cuando, presérvalos del horrible claroscuro del norte y de los espectros conceptuales y la anemia debidos a la falta de sol, nuestra enfermedad alemana del gusto, contra cuyo exceso se ha recetado por el momento, con gran decisión, sangre y hierro, quiero decir: la «gran política» (de acuerdo con una terapéutica peligrosa, que a mí me enseña a aguardar y a aguardar, pero, hasta ahora, todavía no a tener esperanzas). También ahora continúa habiendo en Francia un comprender anticipado y un adelantarse hacia aquellos hombres más raros, y raras veces satisfechos, que son demasiado abarcadores como para encontrar su satisfacción en una patriotería cualquiera y que saben amar en el norte el sur, en el sur el norte, hacia los mediterráneos natos, hacia los «buenos europeos». Para ellos ha escrito su música Bizet, ese último genio que ha visto una belleza y una seducción nuevas, que ha descubierto un fragmento de sur de la música.

255

Frente a la música alemana considero que se imponen algunas cautelas. Suponiendo que alguien ame el sur igual que yo lo amo, como una gran escuela de curación en las cosas más espirituales y en las más sensuales, como una plenitud solar y una transfiguración solar incontenibles, desplegadas sobre una existencia que es dueña de sí misma, que cree en sí misma: bien, ése aprenderá a ponerse un poco en guardia frente a la música alemana, pues ésta, en la medida en que vuelve a echar a perder su gusto, vuelve a echar a perder también su salud. Ese hombre meridional, meridional no por ascendencia, sino por fe, tiene que soñar, en el caso de que sueñe con el futuro de la música, también con que la música se redima del norte, y tiene que sentir en sus oídos el preludio de una música más honda, más poderosa, acaso más malvada y misteriosa, de una música sobre alemana que no se desvanezca, que no se vuelva amarillenta y pálida ante el espectáculo del mar azul y voluptuoso y de la claridad mediterránea del cielo, como le ocurre a toda la música alemana, sentir en sus oídos el preludio de una música sobre europea que se afirme incluso frente a las grises puestas de sol del desierto, cuya alma esté emparentada con la palmera y sepa vagar y sentirse como en su casa entre los grandes, hermosos, solitarios animales de presa... Yo podría imaginarme una música cuyo más raro encanto consistiría en que no supiese yo nada del bien y del mal y sobre la cual tal vez sólo acá y allá se deslizasen una cierta nostalgia de navegante, algunas sombras doradas y algunas blandas debilidades: un arte que, desde una gran lejanía, viese cómo corren a refugiarse en él los colores de un mundo moral que está hundiéndose en su ocaso y que se ha vuelto casi incomprensible, y que fuese lo bastante hospitalario y profundo como para recibir a esos fugitivos rezagados.

256

Gracias al morboso extrañamiento que la insania de las nacionalidades ha introducido y continúa introduciendo entre los pueblos de Europa, gracias asimismo a los políticos de mirada corta y de mano rápida que hoy están arriba con la ayuda de esa insania y que no atisban en absoluto hasta qué punto la política disgregacionista que practican no puede ser necesariamente más que una política de entreacto, gracias a todo eso y a otras muchas cosas, totalmente inexpresables hoy, ahora son pasados por alto o reinterpretados de manera arbitraria y mendaz los indicios más inequívocos en los cuales se expresa que Europa quiere llegar a ser una. En todos los hombres más profundos y más amplios de este siglo su verdadera orientación global en el misterioso trabajo de su alma tendía a preparar el camino a esta nueva síntesis y a anticipar a modo de ensayo el europeo del futuro: sólo en sus aspectos superficiales o en horas de debilidad, por ejemplo en la vejez, pertenecían a las «patrias», no hacían otra cosa que descansar de sí mismos cuando se volvían «patriotas». Pienso en hombres como Napoleón, Goethe, Beethoven, Stendhal, Heinrich Heine, Schopenhauer: no se me tome a mal el que también cuente entre ellos a Richard Wagner, respecto del cual no es lícito dejarse seducir por sus propios

malentendidos, los genios de su especie tienen raras veces el derecho a en
tenderse a sí mismos. Menos todavía, desde luego, por el incivilizado ruido con
que ahora la gente en Francia se opone y se defiende contra Richard Wagner:
sigue siendo un hecho, a pesar de todo, que el tardío romanticismo francés de los
años cuarenta y Richard Wagner se hallan emparentados de manera muy
estrecha e íntima. Se hallan emparentados, radicalmente emparentados, en todas
las alturas y profundidades de sus necesidades: es Europa, la única Europa, cuya
alma, a través de su arte multiforme y tumultuoso, aspira a ir más allá, más
arriba, y tiende ¿hacia dónde?, ¿hacia una nueva luz?, ¿hacia un nuevo sol?
¿Mas quién expresaría exactamente lo que todos esos maestros de nuevos
medios lingüísticos no supieron expresar con claridad? Lo que es cierto es que a
ellos los atormentaba un mismo Sturm und Drang [borrasca e impulso], que
ellos buscaban del mismo modo, ¡esos últimos grandes buscadores! Todos ellos
dominados por la literatura hasta en sus ojos y sus oídos los primeros artistas
dotados de una cultura literaria mundial , la mayoría de las veces, incluso,
también escritores, poetas, intermediarios y amalgamadores de las artes y de los
sentidos (Wagner, en cuanto músico, es un pintor, en cuanto poeta, un músico,
en cuanto artista sin más, un comediante); todos ellos fanáticos de la expresión
«a cualquier precio» destaco a Delacroix, el más afín de todos a Wagner , todos
ellos grandes descubridores en el reino de lo sublime, también de lo feo y
horrible, y descubridores aún más grandes en el producir efecto, en la puesta en
escena, en el arte de los escaparates, todos ellos talentos que superaban en
mucho a su genio , virtuosistas de pies a cabeza, dotados de inquietantes accesos
a todo lo que seduce, atrae, coacciona, subyuga, enemigos natos de la lógica y
de las líneas rectas, ávidos de lo extraño, exótico, monstruoso, curvo, de lo que
se contradice a sí mismo; como hombres, Tántalos de la voluntad, plebeyos
llegados a la cumbre, que se sabían incapaces, en la vida y en la creación, de un
tempo [ritmo] aristocrático, de un lento, piénsese, por ejemplo, en Balzac
trabajadores desenfrenados, casi destructores de sí mismos mediante el trabajo;
antinomistas y rebeldes en las costumbres, ambiciosos e insaciables, carentes de
equilibrio y de goce; todos ellos, en fin, prosternados y arrodillados ante la cruz
cristiana (y esto, con toda razón: pues ¿quién de ellos habría sido
suficientemente profundo y originario para una filosofía del Anticristo?), en
conjunto una especie temerariamente audaz, espléndidamente violenta de
hombres superiores, que volaba alto y arrastraba hacia la altura, especie que
hubo de empezar por enseñar a su siglo ¡y es el siglo de la masa! el concepto de
«hombre superior»...

   Que los amigos alemanes de Richard Wagner decidan por sí mismos si en el
arte wagneriano hay algo alemán de verdad, o si no ocurre que lo que
cabalmente distingue a ese arte es el provenir de fuentes e impulsos supra
alemanes, y en esto no se infravalore el hecho de que, para que se formase del
todo el tipo de Wagner, resultó indispensable justamente París, hacia el cual le
mandó aspirar en la época más decisiva la profundidad de sus instintos, y que
toda su manera de presentarse, de hacer apostolado de sí mismo, sólo pudo
alcanzar su perfección a la vista del modelo de los socialistas franceses. Tal vez
se encontrará, en una comparación más sutil, para honra de la naturaleza

alemana de Richard Wagner, que éste fue en todo más fuerte, más audaz, más duro, superior a cuanto podría serlo un francés del siglo XIX, gracias a la circunstancia de que nosotros los alemanes estamos más próximos a la barbarie que los franceses; tal vez, incluso, resulte inaccesible, inexperimentable, inimitable siempre, y no sólo hoy, a la raza latina entera, tan tardía, lo más notable que Richard Wagner ha creado: la figura de Sigfrido, aquel hombre muy libre, el cual acaso sea de hecho demasiado libre, duro, jovial, sano, demasiado anticatólico para el gusto de viejos y marchitos pueblos civilizados. Tal vez ese Sigfrido antilatino haya sido incluso un pecado contra el romanticismo: ahora bien, ese pecado lo ha expiado Wagner abundantemente, en los días confusos de su vejez, cuando anticipando un gusto que entretanto se ha convertido en política comenzó, si no a recorrer, sí al menos a predicar, con la vehemencia religiosa que le era peculiar, el camino hacia Roma. A fin de que no se me malentienda por estas últimas palabras, voy a recurrir a la ayuda de ciertos vigorosos versos que revelarán también a oídos menos sutiles qué es lo que yo quiero, lo que yo quiero contra el «último Wagner» y la música de su Parsifal:

¿Es esto aún alemán?
¿De un corazón alemán ha salido este sofocante vocear?
¿Y propio de un cuerpo alemán es este desencarnarse a sí mismo?
¿Es alemán este sacerdotal abrir las manos?
¿Esta excitación de los sentidos olorosa a incienso?
¿Y es alemán este chocar, caer, tambalearse, este incierto bimbambolearse?

¿Esas miradas de monja, ese repiqueteo de campanas del ave, todo ese falsamente extasiado mirar al cielo y al súper cielo?

¿Es esto aún alemán? ¡Reflexionad! Todavía estáis a la puerta: Pues lo que oís es Roma, ¡la fe de Roma sin palabras! ocho.

SECCIÓN NOVENA
¿QUÉ ES ARISTOCRÁTICO?

257

Toda elevación del tipo «hombre» ha sido hasta ahora obra de una sociedad aristocrática y así lo seguirá siendo siempre: es ésa una sociedad que cree en una larga escala de jerarquía y de diferencia de valor entre un hombre y otro hombre y que, en cierto sentido, necesita de la esclavitud. Sin ese pathos de la distancia que surge de la inveterada diferencia entre los estamentos, de la permanente mirada a lo lejos y hacia abajo dirigida por la clase dominante sobre los súbditos e instrumentos, y de su ejercitación, asimismo permanente, en el obedecer y el mandar, en el mantener a los otros subyugados y distanciados, no podría surgir tampoco en modo alguno aquel otro pathos misterioso, aquel deseo de ampliar constantemente la distancia dentro del alma misma, la elaboración de estados siempre más elevados, más raros, más lejanos, más amplios, más abarcadores, en una palabra, justamente la elevación del tipo «hombre», la continua «auto superación del hombre», para emplear en sentido sobre moral una fórmula moral. Ciertamente: no es lícito entregarse a embustes humanitarios en lo referente a la historia de la génesis de una sociedad aristocrática (es decir, del presupuesto de aquella elevación del tipo «hombre»): la verdad es dura. ¡Digámonos sin miramientos de qué modo ha comenzado hasta ahora en la tierra toda cultura superior! Hombres dotados de una naturaleza todavía natural, bárbaros en todos los sentidos terribles de esta palabra, hombres de presa poseedores todavía de fuerzas de voluntad y de apetitos de poder intactos, lanzáronse sobre razas más débiles, más civilizadas, más pacíficas, tal vez dedicadas al comercio o al pastoreo, o sobre viejas culturas mar chitas, en las cuales cabalmente se extinguía la última fuerza vital en brillantes fuegos artificiales de espíritu y de corrupción. La casta aristocrática ha sido siempre al comienzo la casta de los bárbaros: su preponderancia no residía ante todo en la fuerza física, sino en la fuerza psíquica eran hombres más enteros (lo cual significa también, en todos los niveles, «bestias más enteras»).

258

La corrupción, como expresión del hecho de que dentro de los instintos amenaza la anarquía y de que está quebrantado el cimiento de los afectos, el cual se llama «vida»: la corrupción es algo radicalmente distinto según sea la realidad vital en que se muestre. Cuando, por ejemplo, una aristocracia como la de Francia al comienzo de la Revolución arroja lejos de sí sus privilegios con una náusea sublime y se sacrifica a sí misma a un desenfreno de su sentimiento moral, eso es corrupción: propiamente fue tan sólo el acto conclusivo de una corrupción que duraba siglos, en virtud de la cual aquella aristocracia había abandonado paso a paso sus prerrogativas señoriales y se había rebajado hasta convertirse en una función de la realeza (últimamente, incluso, en un adorno y vestido de gala de ésta). Lo esencial en una aristocracia buena y sana es, sin embargo, que no se sienta a sí misma como función (ya de la realeza, ya de la comunidad), sino como sentido y como suprema justificación de éstas, que acepte, por lo tanto, con buena conciencia el sacrificio de un sinnúmero de hombres, los cuales, por causa de ella, tienen que ser rebajados y disminuidos hasta convertirse en hombres incompletos, en esclavos, en instrumentos. Su creencia fundamental tiene que ser cabalmente la de que a la sociedad no le es lícito existir para sí misma, sino sólo como infraestructura y andamiaje, apoyándose sobre los cuales sea capaz una especie selecta de seres de elevarse hacia su tarea superior y, en general, hacia un ser superior: a semejanza de esas plantas trepadoras de Java, ávidas de sol se las llama sipó matador , las cuales estrechan con sus brazos una encina todo el tiempo necesario y todas las veces necesarias hasta que, finalmente, muy por encima de ella, pero apoyadas en ella, pueden desplegar su corona a plena luz y exhibir su felicidad.

259

Abstenerse mutuamente de la ofensa, de la violencia, de la explotación: equiparar la voluntad de uno a la voluntad del otro: en un cierto sentido grosero esto puede llegar a ser una buena costumbre entre los individuos, cuando están dadas las condiciones para ello (a saber, la semejanza efectiva entre sus cantidades de fuerza y entre sus criterios de valor, y su homogeneidad dentro de un solo cuerpo). Mas tan pronto como se quisiera extender ese principio e incluso considerarlo, en lo posible, como principio fundamental de la sociedad, tal principio se mostraría enseguida como lo que es: como voluntad de negación de la vida, como principio de disolución y de decadencia. Aquí resulta necesario pensar a fondo y con radicalidad y defenderse contra toda debilidad sentimental: la vida misma es esencialmente apropiación, ofensa, avasallamiento de lo que es extraño y más débil, opresión, dureza, imposición de formas propias, anexión y al menos, en el caso más suave, explotación, ¿más para qué emplear siempre esas palabras precisamente, a las cuales se les ha impreso desde antiguo una intención calumniosa? También aquel cuerpo dentro del cual, como hemos supuesto antes, trátanse los individuos como iguales esto sucede en toda aristocracia sana debe realizar, al enfrentarse a otros cuerpos, todo eso de lo cual se abstienen entre sí los individuos que están dentro de él, en el caso de que sea un cuerpo vivo y no un cuerpo moribundo: tendrá que ser la encarnada voluntad de poder, querrá crecer, extenderse, atraer a sí, obtener preponderancia, no partiendo de una moralidad o inmoralidad cualquiera, sino porque vive, y porque la vida es cabalmente voluntad de poder. En ningún otro punto, sin embargo, se resiste más que aquí a ser enseñada la consciencia común de los euro peos: hoy se fantasea en todas partes, incluso bajo disfraces científicos, con estados venideros de la sociedad en los cuales desaparecerá «el carácter explotador»: a mis oídos esto suena como si alguien prometiese inventar una vida que se abstuviese de todas las funciones orgánicas. La «explotación» no forma parte de una sociedad corrompida o imperfecta y primitiva: forma parte de la esencia de lo vivo, como función orgánica fundamental, es una consecuencia de la auténtica voluntad de poder, la cual es cabalmente la voluntad propia de la vida. Suponiendo que como teoría esto sea una innovación, como realidad es el hecho primordial de toda historia: ¡seamos, pues, honestos con nosotros mismos hasta este punto!

260

En mi peregrinación a través de las numerosas morales, más delicadas y más groseras, que hasta ahora han dominado o continúan dominando en la tierra, he encontrado ciertos rasgos que se repiten juntos y que van asociados con regularidad: hasta que por fin se me han revelado dos tipos básicos y se ha puesto de relieve una diferencia fundamental. Hay una moral de señores y hay una moral de esclavos; me apresuro a añadir que en todas las culturas más altas y más mezcladas aparecen también intentos de mediación entre ambas morales, y que con más frecuencia todavía aparecen la confusión de esas morales y su recíproco malentendido, y hasta a veces una ruda yuxtaposición entre ellas incluso en el mismo hombre, dentro de una sola alma. Las diferenciaciones morales de los valores han surgido, o bien entre una especie dominante, la cual adquirió consciencia, con un sentimiento de bienestar, de su diferencia frente a la especie dominada o bien entre los dominados, los esclavos y los subordinados de todo grado. En el primer caso, cuando los domina dores son quienes definen el concepto de «bueno», son los estados psíquicos elevados y orgullosos los que son sentidos como aquello que distingue y que determina la jerarquía. El hombre aristocrático separa de sí a aquellos seres en los que se expresa lo contrario de tales estados elevados y orgullosos: desprecia a esos seres. Obsérvese enseguida que en esta primera especie de moral la antítesis «bueno» y «malo» es sinónima de «aristocrático» y «despreciable»: la antítesis «bueno» y «malvado» es de otra procedencia. Es despreciado el cobarde, el miedoso, el mezquino, el que piensa en la estrecha utilidad; también el desconfiado de mirada servil, el que se rebaja a sí mismo, la especie canina de hombre que se deja maltratar, el adulador que pordiosea, ante todo el mentiroso: creencia fundamental de todos los aristócratas es que el pueblo vulgar es mentiroso. «Nosotros los veraces» éste es el nombre que se daban a sí mismos los nobles en la antigua Grecia. Es evidente que las calificaciones morales de los valores se aplicaron en todas partes prime ro a seres humanos y sólo de manera derivada y tardía a acciones: por lo cual constituye un craso desacierto el que los historiadores de la moral partan de preguntas como: «¿por qué ha sido alabada la acción compasiva?» La especie aristocrática de hombre se siente a sí misma como determinadora de los valores, no tiene necesidad de dejarse autorizar, su juicio es: «lo que me es perjudicial a mí, es perjudicial en sí», sabe que ella es la que otorga dignidad en absoluto a las cosas, ella es creadora de valores. Todo lo que conoce que hay en ella misma lo honra: semejante moral es auto glorificación. En primer plano se encuentran el sentimiento de la plenitud, del poder que quiere desbordarse, la felicidad de la tensión elevada, la consciencia de una riqueza que quisiera regalar y repartir: también el hombre aristocrático socorre al desgraciado, pero no, o casi no, por compasión, sino más bien por un impulso engendrado por el exceso de poder. El hombre aristocrático honra en sí mismo al poderoso, también al poderoso que tiene poder sobre él, que es diestro en hablar y en callar, que se complace en ser riguroso y duro consigo mismo y siente veneración por todo lo riguroso y duro. «Wotan me ha puesto un corazón duro en el pecho», se dice en una antigua saga escandinava: ésta es la poesía que brotaba, con todo derecho, del alma de un vikingo orgulloso. Esa especie de hombre se siente orgullosa cabalmente de no estar hecha para la compasión: por ello el héroe de la saga añade, con tono de admonición, «el que ya de joven no tiene un corazón duro, no lo tendrá nunca».

Los aristócratas y valientes que así piensan están lo más lejos que quepa imaginar de aquella moral que ve el indicio de lo moral cabalmente en la compasión, o en el obrar por los demás, o en el désintéressement [des interés]; la fe en sí mismo, el orgullo de sí mismo, una radical hostilidad y una ironía frente al «desinterés» forman parte de la moral aristocrática, exactamente del mismo modo que un ligero menosprecio y cautela frente a los sentimientos de simpatía y el «corazón cálido». Los poderosos son los que entienden de honrar, esto constituye su arte peculiar, su reino de la invención. El profundo respeto por la vejez y por la tradición el derecho entero se apoya en ese doble respeto la fe y el prejuicio favorables para con los ante pasados y desfavorables para con los venideros son típicos en la moral de los poderosos; y cuando, a la inversa, los hombres de las «ideas modernas» creen de modo casi instintivo en el «progreso» y en «el futuro» y tienen cada vez menos respeto a la vejez, esto delata ya suficientemente la procedencia no aristocrática de esas «ideas». Pero lo que más hace que al gusto actual le resulte extraña y penosa una moral de dominadores es la tesis básica de ésta de que sólo frente a los iguales se tienen deberes; de que, frente a los seres de rango inferior, frente a todo lo extraño, es lícito actuar como mejor parezca, o «como quiera el corazón», y, en todo caso, «más allá del bien y del mal» : acaso aquí tengan su sitio la compasión y otras cosas del mismo género. La capacidad y el deber de sentir un agradecimiento prolongado y una venganza prolongada ambas cosas, sólo entre iguales , la sutileza en la represalia, el refinamiento conceptual en la amistad, una cierta necesidad de tener enemigos (como canales de desagüe, por así decirlo, para los afectos denominados envidia, belicosidad, altivez en el fondo, para poder ser buen amigo): todos ésos son caracteres típicos de la moral aristocrática, la cual, como ya hemos insinuado, no es la moral de las «ideas modernas», por lo cual hoy resulta difícil sentirla y también es difícil desenterrarla y descubrirla. Las cosas ocurren de modo distinto en el segundo tipo de moral, la moral de esclavos. Suponiendo que los atropellados, los oprimidos, los dolientes, los serviles, los inseguros y cansados de sí mismos moralicen: ¿cuál será el carácter común de sus valoraciones morales? Probablemente se expresará aquí una suspicacia pesimista frente a la entera situación del hombre, tal vez una condena del hombre, así como de la situación en que se encuentra. La mi rada del esclavo no ve con buenos ojos las virtudes del poderoso: esa mirada posee escepticismo y desconfianza, es sutil en su desconfianza frente a todo lo «bueno» que allí es honrado, quisiera convencerse de que la felicidad misma no es allí auténtica. A la inversa, las propiedades que sirven para aliviar la existencia de quienes sufren son puestas de relieve e inundadas de luz: es la compasión, la mano afable y socorre dora, el corazón cálido, la paciencia, la diligencia, la humildad, la amabilidad lo que aquí se honra, pues estas propiedades son aquí las más útiles y casi los únicos medios para soportar la presión de la existencia. La moral de esclavos es, en lo esencial, una moral de la utilidad. Aquí reside el hogar donde tuvo su génesis aquella famosa antítesis «bueno» y «malvado»: se considera que del mal forman parte el poder y la peligrosidad, así como una cierta terribilidad y una sutilidad y fortaleza que no permiten que aparezca el desprecio. Así, pues, según la moral de esclavos, el «malvado» inspira temor; según la moral de señores, es cabalmente el «bueno» el que inspira y quiere inspirar temor, mientras que el hombre «malo» es sentido como despreciable. La antítesis llega a su cumbre cuando, de acuerdo con la consecuencia propia de la moral de esclavos, un soplo de menosprecio acaba por adherirse también al «bueno» de esa moral menosprecio que puede ser ligero y benévolo, porque, dentro del modo de pensar de los esclavos, el bueno tiene que ser en todo caso el hombre no peligroso: el bueno es bonachón, fácil de engañar, acaso un poco estúpido, un bonhomme [un buen hombre]. En todos los lugares en que la moral de esclavos consigue la preponderancia el idioma muestra una tendencia a aproximar entre sí las palabras «bueno» y «estúpido». Una última diferencia fundamental: el anhelo de libertad, el instinto de la felicidad y de las sutilezas del sentimiento de libertad forman parte de la moral y de la moralidad de esclavos con la misma necesidad con que el arte y el entusiasmo en la veneración, en la entrega, son el síntoma normal de un modo aristocrático de pensar y valorar. Ya esto nos hace entender por qué el amor como pasión es nuestra especialidad europea tiene que tener sencillamente una procedencia aristocrática: como es sabido, su invención es obra de los poetas caballeros provenzales, de aquellos magníficos e ingeniosos hombres del «gai saber», a los cuales debe Europa tantas cosas y casi su propia existencia.

261

Entre las cosas que tal vez le resulten más difíciles de comprender a un hombre aristocrático está la vanidad: se sentirá tentado a negarla incluso allí donde otra especie de hombre cree asirla con ambas manos. El problema para el hombre aristocrático consiste en representarse unos seres que buscan despertar acerca de sí mismos una buena opinión que ellos mismos no tienen de sí y, por lo tanto, tampoco «merecen», y que posteriormente creen, sin embargo, en esa buena opinión. Esto le parece al hombre aristocrático, por un lado, algo tan falto de gusto y de respeto para consigo mismo, y, por otro, algo tan barrocamente irracional que le gustaría concebir la vanidad como una excepción, y en la mayoría de los casos en que se habla de ella, la pone en duda. Dirá, por ejemplo: «Yo puedo equivocarme sobre mi valor y, por otro lado, exigir, sin embargo, que mi valor sea reconocido también por otros exactamente tal como yo lo establezco, pero eso no es vanidad (sino presunción o, en los casos más frecuentes, eso que se llama 'humildad' o también 'modestia')». O también: «Yo puedo alegrarme, por muchas razones, de la buena opinión de los demás sobre mí, acaso porque los honro y amo y me alegro de cada una de sus alegrías, acaso también porque su buena opinión confirma y refuerza en mí la fe en mi propia buena opinión, acaso porque la buena opinión de los otros, incluso en los casos en que yo no la comparta, me es útil o promete serlo, pero nada de esto es vanidad». De manera forzada, especialmente con ayuda de la ciencia histórica, es como el hombre aristocrático tiene que formarse la idea de que, desde tiempos inmemoriales, en todas las capas populares dependientes de alguna manera el hombre vulgar era sólo aquello que valía: no estando habituado de ningún modo a establecer valores por sí mismo, el hombre vulgar ni siquiera a sí mismo se atribuía un valor distinto del que sus señores le atribuían (el auténtico derecho señorial es el de crear valores). Sin duda habrá que considerar como consecuencia de un atavismo enorme el hecho de que, todavía ahora, el hombre ordinario continúe aguardando siempre una opinión acerca de sí, y luego se someta instintivamente a ella: pero no tan sólo, en modo alguno, a una «buena» opinión, sino también a una opinión mala e injusta (piénsese, por ejemplo, en la mayor parte de las autoapreciaciones y autodepreciaciones que las mujeres crédulas aprenden de sus confesores, y que en general el cristiano crédulo aprende de su Iglesia). De hecho ahora, merced a la lenta aparición en el horizonte del orden democrático de las cosas (y de su causa, la mezcla de sangre entre señores y esclavos), el impulso originariamente aristocrático y raro a atribuirse un valor a sí mismo desde sí mismo y a «pensar bien» de sí se verá alentado y se extenderá cada vez más: pero ese impulso tiene en todo momento contra sí una tendencia más antigua, más amplia, arraigada más básicamente, y en el fenómeno de la «vanidad» esa tendencia más antigua predomina sobre la más reciente. El vanidoso se alegra de toda buena opinión que oye acerca de sí mismo (totalmente al margen de todos los puntos de vista de la utilidad de esa opinión, y prescindiendo asimismo de que sea verdadera o falsa), de igual modo que sufre por toda opinión mala: pues se somete a ambas, se siente sometido a ellas, merced a aquel antiquísimo instinto de sumisión que en él se abre paso. «El esclavo» que hay en la sangre del vanidoso, residuo de la picardía del esclavo ¡y cuánto «esclavo» perdura aún ahora, por ejemplo, en la mujer! , ése es el que intenta llevarnos engañosamente a tener buenas opiniones sobre él; es asimismo el esclavo el que luego se prosterna enseguida ante esas opiniones, como si no las hubiera producido. Y, dicho una vez más: la vanidad es un atavismo.

262

Una especie surge, un tipo se fija y se hace fuerte en una larga lucha con condiciones desfavorables esencialmente idénticas. A la inversa, sabemos por las experiencias de los ganaderos que las especies a las que se les asigna una alimentación sobreabundante y, en general, un exceso de protección y de cuidado propenden en seguida, de manera muy intensa, a la variación del tipo y son abundantes en prodigios y monstruosidades (también en vicios monstruosos). Considérese ahora una comunidad aristocrática, una antigua polis griega o Venecia por ejemplo, como una institución, ya voluntaria, ya involuntaria, destinada a la selección: hay allí hombres que conviven juntos y que dependen de sí mismos, los cuales quieren imponer su especie, la mayor parte de las veces porque tienen que imponerla o de lo contrario corren un peligro horro roso de ser exterminados. Faltan aquí aquellos cuidados, aquella sobreabundancia, aquella protección bajo los cuales se encuentra favorecida la variación; la especie tiene necesidad de sí misma como especie, como algo que, justamente en virtud de su dureza, de su uniformidad, de su simplicidad de forma, puede en absoluto imponerse y hacerse duradera, en la continua lucha con los vecinos o con los oprimidos ya rebelados o que amenazan con rebelarse. La experiencia más variada le enseña a esa especie cuáles son las propiedades a las que ante todo debe ella el seguir existiendo, el continuar triunfando, pese a todos los dioses y hombres: a esas propiedades llámalas virtudes, sólo ésas son las virtudes que ella cultiva. Hace esto con dureza, incluso quiere la dureza; toda moral aristocrática es intolerante, lo es en la educación de la juventud, en la legislación sobre las mujeres, en las costumbres matrimoniales, en la relación entre viejos y jóvenes, en las leyes penales (las cuales sólo tienen en cuenta a los que degeneran): coloca la intolerancia misma entre las virtudes, bajo el nombre de «justicia». Un tipo dotado de unos rasgos escasos, pero muy fuertes, una especie de hombres rigurosos, belicosos, inteligentemente callados, cerrados y reservados (y, en cuanto tales, dotados de un sentimiento sutilísimo para percibir los encantos y nuances [matices] de la sociedad), queda así fijada por encima del cambio de las generaciones; la continua lucha con condiciones desfavorables siempre idénticas, como hemos dicho, es la causa de que un tipo se fije y se endurezca. Pero finalmente surge alguna vez una situación afortunada, la inmensa tensión se relaja; acaso no haya ya enemigos entre los vecinos, y los medios para vivir, incluso para gozar de la vida, se den con sobreabundancia. De un golpe desgárranse el lazo y la coacción de la antigua disciplina: ya no se la siente como necesaria, como condicionante de la existencia si quisiera seguir subsistiendo, sólo podría hacerlo como una forma de lujo, como un gusto arcaizante. La variación, bien como desviación de la especie (hacia algo superior, más fino, más raro), bien como degeneración y monstruosidad, sale inmediatamente a escena con su plenitud y su magnificencia máximas, el individuo se atreve a ser único y a separarse del resto. En estos virajes de la historia muéstranse juntos y a menudo enmarañados y entremezclados un magnífico, multiforme, selvático crecer y tender hacia lo alto, una especie de tempo [ritmo] tropical en la emulación del crecimiento, y, por otro lado, un inmenso perecer y arruinarse, merced a los egoísmos que se oponen salvajemente entre sí y que, por así decirlo, estallan, egoísmos que luchan unos con otros «por el sol y la luz» y no saben ya extraer de la moral vigente hasta ese momento ni límite ni freno ni consideración alguna. Fue esta misma moral la que acumuló de manera ingente la fuerza que ahora ha tensado el arco tan amenazadoramente: ahora esa moral ha vivido demasiado, se ha «anticuado». Se ha alcanzado el punto peligroso e inquietante en que una vida más grande, más compleja, más amplia, vive por encima de la antigua moral; ahora el «individuo» está forzado a darse su propia legislación, sus propias artes y astucias de auto conservación, autoelevación, autoredención. Todos los fines son nuevos, todos los medios son nuevos, no hay ya ninguna fórmula común, el malentendido y el menosprecio aparecen aliados entre sí, la decadencia, la corrupción y los más altos deseos aparecen horriblemente anudados, el genio de la raza desborda de todos los cuernos de la abundancia de lo bueno y lo perverso, surge una funesta simultaneidad de primavera y otoño, llena de nuevos atractivos y velos que son propios de la corrupción reciente, aún no agotada, aún no fatigada. De nuevo está allí el peligro, padre de la moral, el gran peligro, esta vez trasladado al individuo, al prójimo y amigo, a la calle, al propio hijo, al propio corazón, a todo lo más íntimo y secreto del deseo y de la voluntad: ¿qué habrán de predicar ahora los filósofos de la moral que por este tiempo aparecen en el horizonte? Descubren, estos agudos observadores y mozos de esquina, que ahora se camina rápidamente hacia el final, que todo lo que los rodea se corrompe a sí mismo y corrompe a otros, que nada se mantiene en pie hasta pasado mañana, excepto una sola especie de hombres, los incurablemente mediocres. Sólo los mediocres tienen perspectivas de continuar, de propagarse, ellos son los hombres del futuro, los únicos que sobreviven; «¡sed como ellos!, ¡haceos mediocres!», dice a partir de ese momento la única moral que todavía tiene sentido, que todavía encuentra oídos. ¡Pero es difícil de predicar esa moral de la mediocridad! ¡no le es lícito, en efecto, confesar nunca lo que es y lo que quiere! tiene que hablar de moderación y de dignidad y de deber y de amor al prójimo, ¡tendrá necesidad de ocultar la ironía!

263

Hay un instinto para percibir el rango que es ya, más que cualquier otra cosa, indicio de un rango elevado; hay un placer en las nuances [matices] del respeto que permite adivinar una procedencia y unos hábitos aristocráticos. La sutileza, bondad y altura de un alma son puestas peligrosamente a prueba cuando a su lado pasa algo que es de primer rango, pero que todavía no está protegido, por los espantos de la autoridad, contra asaltos y torpezas importunos: algo que recorre su camino como una viviente piedra de toque, sin haber sido aún catalogado ni descubierto, algo lleno de tentaciones, acaso velado y disfrazado voluntaria mente. El hombre de cuya tarea y ejercitación forma parte el escrutar almas utilizará de múltiples formas cabalmente ese arte, para establecer cuál es el valor último de un alma, cuál es la jerarquía innata e irreversible a que pertenece: la pondrá a prueba en su instinto de respeto. Différence engendre haine [la diferencia engendra odio]: la vulgaridad de más de una naturaleza arroja de repente una salpicadura, cual si fuese agua sucia, cuando a su lado pasan un recipiente sagrado cualquiera, una preciosidad cualquiera sacada de armarios cerrados, un libro cualquiera que lleva las señales del gran destino; y, por otra parte, existen un enmudecimiento involuntario, una vacilación de la mirada, una inmovilización de todos los gestos, en los cuales se expresa que un alma siente la cercanía de lo más digno de veneración. La manera como en conjunto se ha mantenido hasta ahora en Europa el respeto a la Biblia es tal vez el mejor elemento de disciplina y de refinamiento de las costumbres que Europa debe al cristianismo: tales libros profundos y sumamente significativos necesitan para su protección una tiranía de autoridad venida de fuera a fin de conquistar esos milenios de duración que se precisan para agotarlos y descifrarlos. Mucho se ha conseguido cuando a la gran masa (a los superficiales, a los intestinos veloces de toda especie) se le ha infundido por fin el sentimiento de que a ella no le es lícito tocar todo; de que hay vivencias sagradas ante las cuales tiene que quitarse los zapatos y mantener alejada sus sucias manos, esto constituye casi su suprema elevación en humanidad. A la inversa, en los denominados hombres cultos, en los creyentes de las «ideas modernas», acaso ninguna otra cosa produzca tanta náusea como su falta de pudor, su cómoda insolencia de ojos y de manos, con la que tocan, lamen; palpan todo; y es posible que hoy en el pueblo, en el pueblo bajo, ante todo entre los campesinos 1s', continúe habiendo más relativa aristocracia del gusto y más tacto del respeto que entre el semi mundo del espíritu, que lee periódicos, entre los cultos.

264

No es posible borrar del alma de un hombre aquello que sus antepasados hicieron de manera más gustosa y más constante: bien fueran, por ejemplo, asiduos ahorradores y, por así decirlo, simples piezas de una escribanía o de una caja de caudales, modestos y burgueses en sus apetitos, modestos también en sus virtudes; o bien viviesen habituados a dar órdenes desde la mañana hasta la tarde, propensos a las distracciones tos cas y, junto a eso, propensos tal vez a unos deberes y unas responsabilidades aún más toscos; o bien, final mente, hayan sacrificado en algún momento viejos privilegios de nacimiento y de posesión a fin de vivir íntegramente para su fe su «Dios» , como hombres de conciencia implacable y delicada, la cual se ruboriza de toda mediación. No es posible en modo alguno que un hombre no tenga en su cuerpo las propiedades y predilecciones de sus padres y antepasados: y ello, digan lo que digan las apariencias. Éste es el problema de la raza. Suponiendo que sepamos algo de los padres, está permitido sacar una conclusión acerca del hijo: cierta incontinencia repugnante, cierta envidia mezquina, un torpe darse a sí mismo la razón y estas tres cosas juntas han constituido en todas las épocas el auténtico tipo plebeyo tienen que pasar al hijo con la misma seguridad con que pasa la sangre corrompida; y con ayuda de la mejor educación y de la mejor cultura lo único que se conseguirá cabalmente es disimular esa herencia... ¡Y qué oirá cosa quieren hoy la educación y la cultura: en nuestra época tan popular, quiero decir tan plebeya, «educación» y «cultura» tienen que ser esencialmente el arte de disimular de disimular la procedencia, la plebe heredada en el cuerpo y en el alma. Un educador que hoy predicase ante todo veracidad y que exhortase constantemente a sus discípulos de este modo: «¡Sed verdaderos!, ¡sed naturales!, mostraos tal cual sois!» incluso semejante asno virtuoso y cándido aprendería en poco tiempo a recurrir a aquella furca [horcón] de Horacio, para naturam expellere [expulsar la naturaleza]: ¿con qué resultado? La «plebe» usque recurret [vuelve siempre].

265

A riesgo de descontentar a oídos inocentes yo afirmo esto, de la esencia del alma aristocrática forma parte el egoísmo, quiero decir, aquella creencia inamovible de que a un ser como «nosotros lo somos» tienen que estarle sometidos por naturaleza otros seres y tienen que sacrificarse a él. El alma aristocrática acepta este hecho de su egoísmo sin ningún signo de interrogación y sin sentimiento alguno de dureza, coacción, arbitrariedad, antes bien como algo que seguramente está fundado en la ley primordial de las cosas: si buscase un nombre para designarlo diría: «es la justicia misma». En determinadas circunstancias, que al comienzo la hacen vacilar, ese alma se confiesa que hay quienes tienen idénticos derechos que ella; tan pronto como ha aclarado esta cuestión de rango, se mueve entre esos iguales, dotados de derechos idénticos, con la misma seguridad en el pudor y en el respeto delicado que tiene en el trato consigo misma, de acuerdo con un innato mecanismo celeste que todos los astros conocen. Esa sutileza y autolimitación en el trato con sus iguales es una parte más de su egoísmo todo astro es un egoísta de ese género: se honra a sí misma en ellos y en los derechos que ella les concede, no duda de que el intercambio de honores y derechos, esencia de todo trato, forma parte asimismo del estado natural de las cosas. El alma aristocrática da del mismo modo que toma, partiendo del apasionado y excitable instinto de corresponder a todo que reside en el fondo de ella. Inter pares [entre iguales] el concepto de «gracia» no tiene sentido ni buen olor; acaso haya una manera sublime de dejar descender sobre sí los regalos desde arriba, por así decirlo, y de beberlos ávidamente cual si fueran gotas, más el alma aristocrática carece de habilidad para ese arte y ese gesto. Su egoísmo se lo impide: en general mira a disgusto hacia «arriba», mira, o bien ante sí, de manera horizontal y lenta, o bien hacia abajo: ella se sabe en la altura.

266

«Sólo es posible estimar verdaderamente a quien no se busca a sí mismo.» Goethe al consejero Schlosser.

267

Hay entre los chinos un proverbio que las madres enseñan ya a sus hijos: siao sin «¡haz pequeño tu corazón!» Ésta es la auténtica tendencia fundamental en las civilizaciones tardías: yo no dudo de que lo primero que un griego antiguo reconocería también en nosotros los europeos de hoy sería el auto empequeñecimiento con sólo esto «repugnaríamos ya a su gusto».

268

¿Qué es, en última instancia, la vulgaridad? Las palabras son signos sonidos de conceptos; pero los conceptos son signos imágenes, más o menos determinados, de sensaciones que se repiten con frecuencia y aparecen juntas, de grupos de sensaciones. Para entenderse unos a otros no basta ya con emplear las mismas palabras: hay que emplear las mismas palabras también para referirse al mismo género de vivencias internas, hay que tener, en fin, una experiencia común con el otro. Por ello los hombres de un mismo pueblo se entienden entre sí mejor que los pertenecientes a pueblos distintos, aunque éstos se sirvan de la misma lengua; o, más bien, cuando los hombres han vivido juntos durante mucho tiempo en condiciones similares (de clima, de suelo, de peligro, de necesidades, de trabajo), surge de ahí algo que «se entiende», un pueblo. En todas las almas ocurre que un mismo número de vivencias que se repiten a menudo obtiene la primacía sobre las que se dan más raramente: acerca de ellas la gente se entiende con rapidez, de un modo cada vez más rápido la historia de la lengua es la historia de un proceso de abreviación; sobre la base de ese rápido entendimiento la gente se vincula de un modo estrecho, cada vez más estrecho. Cuanto mayor es el peli gro, tanto mayor es la necesidad de ponerse de acuerdo con rapidez y facilidad sobre lo que hace falta; el no malentenderse en el peligro es algo de que los hombres no pueden prescindir en modo alguno para el trato mutuo. También en toda amistad o relación amorosa se hace esa misma prueba: nada de ello tiene duración desde el momento en que se averigua que uno de los dos, usando las mismas palabras, siente, piensa, barrunta, desea, teme de modo distinto que el otro. (El miedo al «eterno malentendido»: ése es el genius benévolo que, con tanta frecuencia, a personas de sexo distinto las aparta de uniones demasiado precipitadas, aconsejadas por los sentidos y el corazón ¡y no un schopenhaueriano «genius de la especie» cualquiera!) Cuáles son los grupos de sensaciones que se despiertan más rápidamente dentro de un alma, que toman la palabra, que dan órdenes: eso es lo que decide sobre la jerarquía entera de sus valores, eso es lo que en última instancia determina su tabla de bienes. Las valoraciones de un hombre delatan algo de la estructura de su alma y nos dicen en qué ve ésta sus condiciones de vida, sus auténticas necesidades. Suponiendo que desde siempre las necesidades hayan aproximado entre sí únicamente a hombres que podían aludir con signos similares a necesidades similares, a vivencias similares, resulta de aquí, en conjunto, que una comunicabilidad fácil de las necesidades, es decir, en su último fondo, el experimentar vivencias sólo ordinarias y vulgares tiene que haber sido la más poderosa de todas las fuerzas que han dominado a los hombres hasta ahora. Los hombres más similares, más habituales, han tenido y tienen siempre ventaja; los más selectos, más sutiles, más raros, más difíciles de comprender, ésos fácilmente permanecen solos en su aislamiento, sucumben a los accidentes y se propagan raras veces. Es preciso apelar a ingentes fuerzas contrarias para poder oponerse a este natural, demasiado natural, progressus ín simile [progreso hacia lo semejante], al avance del hombre hacia lo semejante, habitual, ordinario, gregario ¡hacia lo vulgar!

269

Cuanto más se vuelve un psicólogo un psicólogo y adivinador de almas nato, inevitable hacia los casos y los hombres más selectos, tanto más aumenta su peligro de asfixiarse de compasión: más que ningún otro hombre necesita él dureza y jovialidad. La corrupción, la ruina de los hombres superiores, de las almas de constitución más extraña, representan en erecto la regla es terrible tener siempre ante los ojos semejante regla. La multiforme tortura del psicólogo que ha descubierto esa ruina, que ha descubierto primero una vez, y luego casi siempre, toda esa «incurabilidad interna» del hombre superior, ese eterno «demasiado tarde » en todos los sentidos, a lo largo de la historia entera, puede llegar quizá a convertirse un día en causa de que se vuelva con amargura contra su propia suerte y haga un ensayo de autodestrucción, de que se «corrompa» a sí mismo. Casi en todos los psicólogos percibiremos una propensión y un placer delatores a tratar con hombres ordinarios y bien ordenados: en esto se delata que ellos precisan siempre de una curación, que necesitan una especie de huida y olvido, lejos de aquello que sus penetraciones e incisiones, que su «oficio», han hecho pesar sobre su conciencia. El miedo a su memoria es peculiar de ellos. Ante el juicio de otros enmudecen fácilmente: con rostro inmóvil escuchan cómo la gente honra, admira, ama, glorifica, allí donde ellos han visto, o incluso encubren su mutismo asintiendo de modo expreso a una opinión superficial cualquiera. Acaso la paradoja de su situación llegue tan terriblemente lejos que la muchedumbre, los cultos, los entusiastas aprendan por su parte el gran respeto justo allí donde ellos han aprendido la gran compasión al lado del gran desprecio, el respeto a los «grandes hombres» y animales prodigiosos por causa de los cuales se bendice y se honra a la patria, a la tierra, a la dignidad de la humanidad, a sí mismo, y que son propuestos a la juventud como modelo para su educación... Y quién sabe si hasta ahora no ha venido ocurriendo en todos los grandes casos cabalmente lo mismo: que la muchedumbre adoraba a un dios, ¡y que el «dios» no era más que un pobre animal para el sacrificio! El éxito ha sido siempre el máximo mentiroso, y la «obra» misma es un éxito; el gran estadista, el conquistador, el descubridor están envueltos en el disfraz de sus creaciones hasta el punto de resultar irreconocibles; la «obra», la del artista, la del filósofo, ella es la inventora de quien la ha creado, de quien la habría creado; los «grandes hombres», tal como se los venera, son poemas pequeños y malos compuestos con posterioridad; en el mundo de los valores históricos domina la moneda falsa. Por ejemplo, esos grandes poetas, esos Byron, Musset, Poe, Leopar di, Kleist, Gogol, tal como están ahora ahí, tal como acaso tienen que estar: hombres de instantes, hombres entusiasmados, sensuales, pueriles, hombres inconsiderados y súbitos en la desconfianza y en la confianza; en cuyas almas se disimula de ordinario una grieta; que a menudo se vengan con sus obras de un ensuciamiento interno; que a menudo buscan con sus vuelos olvidarse de una memoria demasiado fiel, que a menudo se extravían en el fango y casi se enamoran de él, hasta volverse iguales a fuegos fatuos que vagan en torno a los pantanos y simulan ser estrellas el pueblo los llama entonces idealistas, que a menudo luchan con una náusea prolongada, con un fantasma de incredulidad que siempre retorna, el cual los hace fríos y los fuerza a desvivirse por la gloria y a devorar la «fe en sí mismos» tomándola de las manos de aduladores ebrios: ¡qué tortura son estos grandes artistas y, en general, los hombres superiores para quien los ha descifrado una vez! Resulta muy comprensible que sea justamente de parte de la mujer la cual es clarividente en el mundo del sufrimiento y, por desgracia, también está ansiosa de ayudar y salvar, más allá de sus fuerzas de quien experimenten ellos con mucha facilidad aquellos estallidos de compasión ilimitada y abnegadísima que la muchedumbre, ante todo la muchedumbre que venera, no entiende y sobre las cuales acumula interpretaciones llenas de curiosidad y autosatisfacción. Esa compasión se engaña ordinariamente con respecto a su fuerza; la mujer quisiera creer que el amor todo lo puede, es su auténtica fe. ¡Ay, quien conoce el corazón adivina cuán pobre, estúpido, desamparado, presuntuoso, desacertado, más fácilmente destructor que salvador es incluso el amor mejor y más hondo! Es posible que bajo la fábula y el disfraz sagrados de la vida de Jesús se esconda uno de los casos más dolorosos de martirio del saber acerca del amor: el martirio del corazón más inocente y más lleno de deseos, que nunca había tenido bastante con ningún amor de hombre, que exigía amor, ser amado y nada más, con dureza, con insensatez, con explosiones terribles contra quienes le rehusaban su amor; la historia de un pobre insaciado e insaciable en el amor, que tuvo que inventar el infierno para enviar a él a quienes no querían amarlo, y que al fin, habiendo alcanzado saber acerca del amor humano, tuvo que inventar un dios que es totalmente amor, totalmente capacidad de amar, ¡que se compadece del amor humano por ser éste tan pobre, tan ignorante! Quien así siente, quien tiene tal saber acerca del amor, busca la muerte. ¿Más por qué entregarse a estas cosas dolorosas? Suponiendo que no haya que hacerlo.

270

La soberbia y la náusea espirituales de todo hombre que haya sufrido profundamente la jerarquía casi viene determinada por el grado de profundidad a que pueden llegar los hombres en su sufrimiento, su estremecedora certeza, que lo impregna y colorea completamente, de saber más, merced a su sufrimiento, que lo que pueden saber los más inteligentes y sabios, de ser conocido y haber estado alguna vez «domiciliado» en muchos mundos lejanos y terribles, de los que «¡vosotros nada sabéis!»..., esa soberbia espiritual y callada del que sufre, ese orgullo del elegido del sufrimiento, del «iniciado», del casi sacrificado, encuentra necesarias todas las formas de disfraz para protegerse del contacto de manos importunas y compasivas y, en general, de todo aquello que no es su igual en el dolor. El sufrimiento profundo vuelve aristócratas a los hombres; separa. Una de las formas más sutiles de disfraz es el epicureísmo, así como una cierta valentía del gusto, exhibida. a partir de ese momento, la cual toma el sufrimiento a la ligera y se pone en guardia contra todo lo triste y profundo. Hay «hombres joviales» que se sirven de la jovialidad porque, merced a ella, son malentendidos: quieren ser malentendidos. Hay «hombres científicos» que se sirven de la ciencia porque ésta proporciona una apariencia jovial y porque el cientificismo lleva a inferir que el hombre es superficial, quieren inducir a una falsa inferencia. Hay espíritus libres e insolentes que quisieran ocultar y negar que son corazones rotos, orgullosos, incurables: y a veces la necedad misma es la máscara usada para encubrir un saber desventurado demasiado cierto. De lo cual se deduce que a una humanidad más sutil le es inherente el tener respeto «por la máscara» y el no cultivar la psicología y la curiosidad en lugares falsos.

271

Lo que más profundamente separa a dos seres humanos son un sentido y un grado distintos de limpieza. De nada sirven toda honradez y toda recíproca utilidad, de nada sirve toda buena voluntad del uno para con el otro: en última instancia se está siempre en lo mismo «¡no pueden olerse!» El supremo instinto de limpieza sitúa a quien lo tiene en el aislamiento más prodigioso y peligroso, como si fuese un santo: pues la santidad es cabalmente eso la espiritualización suprema del mencionado instinto. Una cierta consciencia de una indescriptible plenitud en la felicidad del baño, un cierto ardor y una cierta sed que empujan constantemente al alma a salir de la noche y entrar en la mañana, a salir de lo turbio, de la «tribulación», y entrar en lo claro, lo resplandeciente, lo profundo, lo sutil, esa inclinación, en la misma medida en que distingue es una inclinación aristocrática , también separa. La compasión propia del santo es la compasión por la suciedad de lo humano, demasiado humano. Y hay grados y alturas en los que la compasión misma es sentida por él como contaminación, como suciedad...

272

Signos de aristocracia: no pensar nunca en rebajar nuestros deberes a deberes de todo el mundo; no querer ceder, no querer compartir la responsabilidad propia; contar entre los deberes propios los privilegios propios y el ejercicio de esos privilegios.

273

Un hombre que aspire a cosas grandes considera a todo aquel con quien se encuentra en su ruta, o bien como un medio, o bien como una rémora y obstáculo, o bien como un lecho pasajero para reposar. Su peculiar bondad, de alto linaje, para con el prójimo sólo es posible cuando él está en su altura y ejerce dominio. La impaciencia, así como su consciencia de haber estado condenado siempre a la comedia hasta aquel momento pues incluso la guerra es una comedia y sirve de ocultación, de igual modo que todo medio sirve de ocultación a una finalidad, le echan a perder todo trato humano: esa especie de hombre conoce la soledad y todas las cosas venenosísimas que la soledad tiene en sí.

274

El problema de los que aguardan. Se necesitan golpes de suerte, además de muchas cosas incalculables, para que un hombre superior, dentro del cual dormita la solución de un problema, llegue a actuar en tiempo aún oportuno «a estallar», como podría decirse. De ordinario esto no acontece, y en todos los rincones de la tierra hállanse sentadas gentes que aguardan y que apenas saben hasta qué punto aguardan, y menos todavía que aguardan en vano. A veces también llega demasiado tarde la llamada despertadora, aquel azar que otorga «permiso» para obrar, cuando ya la mejor juventud y la mejor energía para obrar se han gasta do, a fuerza de estar sentadas y quietas; ¡y más de uno ha encontrado con espanto, justo cuando «se puso de pie», que sus miembros estaban dormidos y que su espíritu estaba ya demasiado pesado! «Es demasiado tarde» se dijo, perdida ya la fe en sí mismo e inútil para siempre a partir de entonces.

¿Acaso, en el reino del genio, el «Rafael sin manos», entendida esta expresión en su sentido más amplio, constituiría no la excepción, sino la regla? Quizá el genio no sea tan raro: pero sí lo son las quinientas manos que él necesita para tiranizar el χαιρός, «el momento oportuno» ¡para coger el azar por los pelos!

275

Quien no quiere ver lo elevado de un hombre fija su vista de un modo tanto más penetrante en aquello que en él es bajo y superficial y con ello se delata.

276

En toda especie de herida y de pérdida el alma inferior y más grosera se halla en mejores condiciones que el alma más aristocrática: los peligros de esta última tienen que ser mayores, su probabilidad de sufrir una desgracia y de perecer es incluso enorme, dada la multiplicidad de sus condiciones de vida. En un lagarto un dedo perdido vuelve a crecer: no así en el hombre.

277

¡Tanto peor! ¡Otra vez la vieja historia! Cuando uno ha acabado de construir su casa advierte que, mientras la construía, ha aprendido, sin darse cuenta, algo que tendría que haber sabido absolutamente antes de comenzar a construir. El eterno y molesto «¡demasiado tarde!» ¡La melancolía de todo lo terminado!...

278

Caminante, ¿quién eres tú? Veo que recorres tu camino sin desdén, sin amor, con ojos indescifrables; húmedo y triste cual una sonda que, insaciada, vuelve a retornar a la luz desde toda profundidad ¿qué buscaba allá abajo? , con un pecho que no suspira, con unos labios que ocultan su náusea, con una mano que ya sólo con lentitud aferra las cosas: ¿Quién eres tú? ¿Qué has hecho? Descansa aquí: este lugar es hospitalario para todo el mundo ¡recupérate! Y seas quien seas: ¿Qué es lo que ahora te agrada? ¿Qué es lo que te sirve para reconfortarte? Basta con que lo nombres: ¡lo que yo tenga te lo ofrezco! «¿Para reconfortar me? ¿Para reconfortarme? Oh tú, curioso, ¡qué es lo que dices! Pero dame, te lo ruego. » ¿Qué? ¿Qué? ¡Dilo! «¡Una máscara más! ¡Una segunda máscara!»...

279

Los hombres de tristeza profunda se delatan cuando son felices: tienen una manera de aferrar la felicidad como si quisieran estrangularla y ahogarla, por celos, ¡ay, demasiado bien saben que se les escapa!

280

«¡Mal! ¡Mal! ¿Cómo?, ¿no va hacia atrás?» ¡Sí! Pero entendéis mal a ese hombre cuando os quejáis de eso. Va hacia atrás como todo aquel que quiere dar un gran salto.

281

«¿Se me creerá? Pero yo solicito que se me crea: en mí, sobre mí, he pensado siempre sólo mal, sólo en casos muy raros, sólo de manera forzada, siempre sin placer 'por el asunto', presto a divagar lejos de ' mí', siempre sin fe en el resultado, gracias a una indomeñable desconfianza con respecto a la posibilidad del autoconocimiento, la cual me ha conducido tan lejos que he llegado a percibir una contradicdo in adjeto [contradicción en el adjetivo] en el concepto de 'conocimiento inmediato' que los teóricos se permiten: este hecho entero es casi lo más seguro que yo sé sobre mí. Tiene que haber en mí una especie de aversión a creer algo determinado sobre mí. ¿Se esconde ahí acaso un enigma? Probablemente; pero, por fortuna, no uno para mis propios dientes. ¿Tal vez esto delata la especie a que yo pertenezco? Pero no me lo delata a mí: que es lo que yo deseo. »

282
«¿Pero qué te ha ocurrido?» «No lo sé, dijo titubeante; quizá las arpías hayan pasado volando sobre mi mesa» 194. Hoy ocurre a veces que un hombre dulce, mesurado, discreto, se pone de repente furioso, rompe los platos, vuelca la mesa, grita, alborota, injuria a todo el mundo y acaba por irse de allí avergonzado, rabioso contra sí mismo, ¿hacia dónde?, ¿para qué? ¿Para morir de hambre en su aislamiento? ¿Para asfixiarse con su recuerdo? Quien tenga los deseos propios de un alma elevada y descontentadiza y sólo raras veces encuentre puesta su mesa, preparado su alimento, correrá en todas las épocas un gran peligro: pero éste es hoy extraordinario. Arrojado dentro de una época ruidosa y plebeya, con la cual no le gusta comer de un mismo plato, fácilmente puede perecer de hambre y de sed, o, en el caso de que acabe por «alargar la mano», de una náusea repentina. Probablemente todos nosotros nos hemos sentado ya a mesas que no eran las nuestras; y precisamente los más espirituales de nosotros, los que somos más difíciles de alimentar, conocemos aquella peligrosa dyspepsia [alteración digestiva] que se deriva de un conocimiento y un desengaño repentinos acerca de nuestra comida y de nuestros vecinos de mesa, la náusea de los post res.

283
Suponiendo que queramos alabar, constituye un autodominio sutil y a la vez aristocrático el alabar siempre tan sólo cuando no estamos de acuerdo: de lo contrario nos alabaríamos, en efecto, a nosotros mismos, lo cual va contra el buen gusto desde luego es ése un autodominio que ofrece una ocasión y un motivo magníficos para ser constantemente malentendidos. Para que nos sea lícito permitirnos ese verdadero lujo de gusto y de moralidad tenemos que vivir, no entre los cretinos del espíritu, sino más bien entre hombres a quienes incluso los malentendidos y las equivocaciones los diviertan a causa de su sutileza, ¡o tendremos que pagarlo caro! «Él me alaba: por lo tanto, me da la razón» esta asnada de deducción lógica nos echa a perder media vida a nosotros los eremitas, pues introduce a los asnos entre nuestros vecinos y amigos.

284
Vivir con una dejadez inmensa y orgullosa; siempre más allá. Tener y no tener, a voluntad, afectos propios, pros y contras propios, condescender con ellos, por horas; montarnos sobre ellos como sobre caballos, a menudo como sobre asnos: hay que saber aprovechar, en efecto, tanto su estupidez como su fuego. Reservarnos nuestras trescientas razones delanteras, también las gafas negras: pues hay casos en los que a nadie le es lícito mirarnos a los ojos y aún

menos a nuestros «fondos». Y elegir como compañía ese vicio granuja y jovial, la cortesía. Y permanecer dueños de nuestras cuatro virtudes: el valor, la lucidez, la simpa tía, la soledad. Pues la soledad es en nosotros una virtud, por cuanto constituye una inclinación y un impulso sublimes a la limpieza, los cuales adivinan que en el contacto entre hombre y hombre «en sociedad» las cosas tienen que ocurrir de una manera inevitablemente sucia. Toda comunidad nos hace de alguna manera, en algún lugar, alguna vez «vulgares».

285

Los acontecimientos y pensamientos más grandes y los pensamientos más grandes son los acontecimientos más grandes son los que más se tarda en comprender: las generaciones contemporáneas de ellos no tienen la vivencia de tales acontecimientos, viven al margen de ellos. Ocurre aquí algo parecido a lo que ocurre en el reino de los astros. La luz de los astros más lejanos es la que más tarda en llegar a los hombres; y antes de que haya llegado, el hombre niega que allí existan astros. «¿Cuántos siglos necesita un espíritu para ser comprendido?» éste es también un criterio de medida, con él se crean también una jerarquía y una etiqueta cuales se precisan: para el espíritu y para el astro.

286

«Aquí la vista es despejada, el espíritu está elevado» Existe, sin embargo, una especie opuesta de hombres, la cual también está en la altura y también tiene despejada la vista pero mira hacia abajo.

287

¿Qué es aristocrático? ¿Qué continúa significando hoy para nosotros la palabra «aristocrático»? ¿En qué se delata, en qué se reconoce el hombre aristocrático, bajo este cielo pesado y cubierto del dominio incipiente de la picbe, que vuelve opaco y plomizo todo? No son las acciones que constituyen su demostración, las acciones son siempre ambiguas, siempre insondables ; tampoco son i as «obras» Entre los artistas y los doctos encontramos hoy muchos que delatan con sus obras que un profundo deseo los empuja hacia lo aristocrático: pero justo esa necesidad de lo aristocrático es radicalmente distinta de las necesidades del alma aristocrática misma y, en realidad, el elocuente y peligroso síntoma de su carencia. No son las obras, es la fe la que aquí decide, la que aquí establece la jerarquía, para volver a tomar una vieja fórmula religiosa en un sentido nuevo y más profundo: una determinada certeza básica que un alma aristocrática tiene acerca de sí misma, algo que no se puede buscar, ni encontrar, ni, acaso, tampoco perder. El alma aristocrática se respeta a sí misma.

288

Hay hombres que inevitablemente tienen espíritu, aunque anden con los rodeos y pretextos que quieran y aunque se tapen con las manos los ojos delatores (¡como si la mano no fuera un delator!): al final siempre resulta que ellos tienen algo que ocultar, a saber: espíritu. Uno de los medios más sutiles para disimular, al menos durante el mayor tiempo posible, y para fingir, con éxito, que uno es más estúpido de lo que es cosa que en la vida vulgar es a menudo tan deseable como un paraguas llámase entusiasmo: sumando a éste lo que de él forma parte, por ejemplo la virtud. Pues, como dice Galiani, que tenía que saberlo: vertu est enthousiasme [virtud es entusiasmo].

289
En los escritos de un eremita óyese siempre también algo del eco del yermo, algo del susurro y del tímido mirar en torno propios de la soledad; hasta en sus palabras más fuertes, hasta en su grito continúa sonando una especie nueva y más peligrosa de silencio, de mutismo. Quien durante años y años, durante días y noches ha estado sentado solo con su alma, en disputa y conversación íntimas con ella, quien en su caverna que puede ser un laberinto, pero también una mina de oro convirtióse en oso de cavernas, o en excavador de tesoros, o en guardián de tesoros y dragón: ése tiene unos conceptos que acaban adquiriendo un color crepuscular propio, un olor tanto de profundidad como de moho, algo incomunicable y repugnante, que lanza un soplo frío sobre todo el que pasa a su lado. El eremita no cree que nunca un filósofo suponiendo que un filósofo haya comenzado siempre por ser un eremita haya expresado en libros sus opiniones auténticas y últimas: ¿no se escriben precisamente libros para ocultar lo que escondemos dentro de nosotros? incluso pondrá en duda que un filósofo pueda tener en absoluto opiniones «últimas y auténticas», que en él no haya, no tenga que haber, detrás de cada caverna, una caverna más profunda todavía un mundo más amplio, más extraño, más rico, situado más allá de la superficie, un abismo detrás de cada fondo, detrás de cada «fundamentación». Toda filosofía es una filosofía de fachada he ahí un juicio de eremita: «Hay algo arbitrario en el hecho de que él permaneciese quieto aquí, mirase hacia atrás, mirase alrededor, en el hecho de que no cavase más hondo aquí y dejase de lado la azada, hay también en ello algo de desconfianza». Toda filosofía esconde también una filosofía; toda opinión es también un escondite, toda palabra, también una máscara.

290
Todo pensador profundo tiene más miedo a ser entendido que a ser malentendido. A causa de lo último padece tal vez su vanidad; a causa de lo primero, en cambio, su corazón, su simpatía, que dice siempre: «Ay, ¿por qué queréis vosotros que las cosas os pesen tanto como a mí?»

291
El hombre, animal complejo, mendaz, artificioso e impenetrable, inquietante para los demás animales no tanto por su fuerza cuanto por su astucia y su inteligencia, ha inventado la buena conciencia para disfrutar por fin de su alma como de un alma sencilla; y la moral entera es una esforzada y prolongada falsificación en virtud de la cual se hace posible en absoluto gozar del espectáculo del alma. Desde este punto de vista acaso formen parte del concepto de «arte» más cosas de las que comúnmente se cree.

292

Un filósofo: es un hombre que constantemente vive, ve, oye, sospecha, espera, sueña cosas extraordinarias; alguien al que sus propios pensamientos golpean como desde fuera, como desde arriba y desde abajo, constituyendo su especie peculiar de acontecimientos y rayos; acaso él mismo sea una tormenta que camina grávida de nuevos rayos; un hombre fatal, rodeado siempre de truenos y gruñidos y aullidos y acontecimientos inquietantes. Un filósofo: ay, un ser que con frecuencia huye de sí mismo, que con frecuencia se tiene miedo a sí mismo, pero que es demasiado curioso para no «volver a sí mismo» una y otra vez...

293

Un hombre que dice: «Esto me agrada, esto yo me lo apropio y quiero protegerlo y defenderlo contra todos»; un hombre que puede sostener una causa, cumplir una decisión, guardar fidelidad a un pensamiento, retener a una mujer, castigar y abatir a un temerario; un hombre que tiene su cólera y su espada, ya¡ cual los débiles, los que sufren, los oprimidos, también los animales, se allegan con gusto y le pertenecen por naturaleza, en suma, un hombre que por naturaleza es señor, cuando un hombre así tiene compasión, ¡bien!, ¡esa compasión tiene valor! ¡Qué importa, en cambio, la compasión de los que sufren! ¡O de los que incluso predican compasión! Hay hoyen casi todos los lugares de Europa una sensibilidad y una susceptibilidad morbosas para el dolor, y asimismo una repugnante incontinencia en la queja, un enternecimiento que quisiera adornarse con la religión y con los trastos filosóficos para parecer algo superior, existe un verdadero culto del sufrimiento. La falta de virilidad de lo que en tales círculos de ilusos se bautiza con el nombre decompasión es lo primero que, a mi parecer, salta siempre a la vista. Hay que desterrar con energía y a fondo esta novísima especie del mal gusto; y yo deseo en fin que, para combatir esto, la gente se ponga en el corazón y en el cuello el buen amuleto del «gai saber», la «fráhíiche Wisssenschaft», para aclarárselo a los alemanes.

294

El vicio olímpico. A despecho de ese filósofo que, con genuino inglés, intentó crear entre todas las cabezas que piensan una mala fama al reír «el reír es un grave defecto de la naturaleza humana que toda cabeza que piensa se esforzará en superar» (Hobbes), yo me permitiría incluso establecer una jerarquía de los filósofos según el rango de su risa hasta terminar, por arriba, en aquellos que son capaces de la carcajada áurea. Y suponiendo que también los dioses filosofen, cosa a la que más de una conclusión me ha empujado ya, yo no pongo en duda que, cuando lo hacen, saben reír también de una manera sobrehumana y nueva ¡y a costa de todas las cosas serias! A los dioses les gustan las burlas: parece que no pueden dejar de reír ni siquiera en las acciones sagradas.

295

El genio del corazón, tal como lo posee aquel gran oculto, el dios tentador y cazarratas nato de las conciencias, cuya voz sabe descender hasta el inframundo de toda alma, que no dice una palabra, no lanza una mi rada en las que no haya un propósito y un guiño de seducción, de cuya maestría forma parte el saber parecer y no aquello que él es, sino aquello que constituye, para quienes lo siguen, una constricción más para acercarse cada vez más a él, para seguirle de un modo cada vez más íntimo y radical: el genio del corazón, que a todo lo que es ruidoso y se complace en sí mismo lo hace enmudecer y le enseña a escuchar, que pule las almas rudas y les da a gustar un nuevo deseo; el de estar quietas como un espejo, para que el cielo pro fundo se refleje en ellas ; el genio del corazón, que a la mano torpe y apresurada le enseña a vacilar y a coger las cosas con mayor delicadeza, que adivina el tesoro oculto y olvidado, la gota de bondad y de dulce espiritualidad escondida bajo el hielo grueso y opaco y es una varita mágica para todo grano de oro que yació largo tiempo sepultado en la prisión del mucho cieno y arena; el genio del corazón, de cuyo contacto sale más rico todo el mundo, no agraciado y sorprendido, no beneficiado y oprimido como por un bien aje no, sino más rico de sí mismo, más nuevo que antes, removido, oreado y sonsacado por un viento tibio, tal vez más inseguro, más delicado, más frágil, más quebradizo, pero lleno de esperanzas que aún no tienen nombre, lleno de nueva voluntad y nuevo fluir, lleno de nueva contra voluntad y nuevo refluir... ¿pero qué es lo que estoy haciendo, amigos míos? ¿De quién os estoy hablando? ¿Acaso me he distraído hasta el punto de no haberos dicho ni siquiera su nombre? A no ser que ya hayáis adivinado por vosotros mismos quién es ese espíritu y dios problemático que quiere ser alabado de este modo. Lo mismo que le ocurre, en efecto, a todo aquel que desde su infancia ha estado siempre en camino y en el extranjero, también a mí me han salido al paso muchos espíritus extraños y peligrosos, pero sobre todo ese de quien acabo de hablar, y ése lo ha hecho una y otra vez, nadie menos, en efecto, que el dios Dioniso, ese gran dios ambiguo y tentador a quien en otro tiempo, como sabéis, ofrecí mis primicias con todo secreto y con toda veneración siendo yo, a mi parecer, el último que le ha ofrecido un sacrificio: pues no he encontrado a nadie que haya entendido lo que yo hice entonces. Entretanto he aprendido muchas más cosas, demasiadas cosas sobre la filosofía de este dios, y, como queda dicho, de boca a boca, yo, el último discípulo e iniciado del dios Dioniso: ¿y me sería lícito acaso comenzar por fin alguna vez a daros a gustar a vosotros, amigos míos, en la medida en que me esté permitido, un poco de esta filosofía? A media voz, como es justo: ya que se trata aquí de muchas cosas ocultas, nuevas, extrañas, prodigiosas, inquietantes. Que Dioniso es un filósofo y que, por lo tanto, también los dioses filosofan, paréceme una novedad que no deja de ser capciosa, y que tal vez suscite desconfianza cabalmente entre filósofos, entre vosotros, amigos míos, no hay tanta oposición a ella, excepto la de que llega demasiado tarde y a destiempo: pues no os gusta creer, según me han dicho, ni en dios ni en dioses. ¿Acaso también tenga yo que llegar, en la franqueza de mi narración, más allá de lo que resulta siempre agradable a los rigurosos hábitos de vuestros oídos? Ciertamente el mencionado dios llegó, en tales diálogos, muy lejos, extraordinariamente lejos, e iba siempre muchos pasos delante de mí... Aún más, si estuviera permitido, yo le atribuiría, según el uso de los humanos, hermosos y solemnes nombres de gala y de virtud, y haría un gran elogio de su valor de investigador y descubridor, de su osada sinceridad, veracidad y amor a la verdad. Pero con todos estos venerables cachivaches y adornos no sabe qué hacer semejante dios. «¡Reserva eso, diría, para ti y para tus iguales, y para todo aquel que lo necesite! ¡Yo no tengo ninguna razón para cubrir mi desnudez!». Se adivina: ¿le falta acaso pudor a esta especie de divinidad y de filósofos? En una ocasión me dijo así: «En determinadas circunstancias yo amo a los seres humanos y al decir esto aludía a Ariadna, que estaba presente: el hombre es para mí un animal agradable, valiente, lleno de inventiva, que no tiene igual en la tierra y que sabe orientarse incluso en todos los laberintos. Yo soy bueno con él: con frecuencia reflexiono sobre cómo hacerlo avanzar más y volverlo más fuerte, más malvado y más profundo de cuanto es.» «¿Más fuerte, más malvado y más profundo?», pregunté yo, asustado. «Sí», repitió, «más fuerte, más malvado y más profundo; también más bello» y al decir esto sonreía este dios tentador con su sonrisa alciónica, como si acabara de decir una encantadora gentileza. Aquí se ve a un mismo tiempo: a esta divinidad no le falta sólo pudor; y hay en general buenos motivos para suponer que, en algunas cosas, los dioses en conjunto podrían venir a aprender de nosotros los hombres. Nosotros los hombres somos más humanos...

296

¡Ay, qué sois, pues, vosotros, pensamientos míos escritos y pintados! No hace mucho tiempo erais aún tan multicolores, jóvenes y maliciosos, tan llenos de espinas y de secretos aromas, que me hacíais estornudar y reír ¿y ahora? Ya os habéis despojado de vuestra novedad, y algunos de vosotros, lo temo, estáis dispuestos a convertiros en verdades: ¡tan inmortal es el aspecto que ellos ofrecen, tan honesto, tan aburrido, que parte el corazón! ¿Y alguna vez ha sido de otro modo? ¿Pues qué cosas escribimos y pintamos nosotros, nosotros los mandarines de pincel chino, nosotros los eternizadores de las cosas que se dejan escribir, qué es lo único que nosotros somos capaces de pintar? ¡Ay, siempre únicamente aquello que está a punto de marchitarse y que comienza a perder su perfume! ¡Ay, siempre únicamente tempestades que se alejan y se disipan, y amarillos sentimientos tardíos! ¡Ay, siempre únicamente pájaros cansados de volar y que se extraviaron en su vuelo, y que ahora se dejan atrapar con la mano con nuestra mano! ¡Nosotros eternizamos aquello que no puede ya vivir y volar mucho tiempo, únicamente cosas cansadas y reblandecidas! Y sólo para pintar vuestra tarde, oh pensamientos míos escritos y pintados, tengo yo colores, acaso muchos colores, muchas multicolores delicadezas y cincuenta amarillos y grises y verdes y rojos: pero nadie me adivina, basándose en esto, qué aspecto ofrecíais vosotros en vuestra mañana, vosotros chispas y prodigios repentinos de mi soledad, ¡vosotros mis viejos y amados pensamientos perversos!

DESDE ALTAS MONTAÑAS
EPODO

¡Oh mediodía de la vida! ¡Tiempo solemne!
¡Oh jardín de verano!
Inquicta felicidad de estar de pie y atisbar y aguardar
A los amigos espero impaciente, preparado día y noche,
¿Dónde permanecéis, amigos? ¡Venid! ¡Ya es hora! ¡Ya es hora!

¿No ha sido por vosotros por quienes el gris del glaciar se ha adornado hoy
de rosas?
A vosotros os busca el arroyo, y hoy el viento y la nube
Anhelantes se elevan, se empujan hacia el azul,
Para atisbaros a vista lejanísima de pájaro.

En lo más alto estaba preparada mi mesa para vosotros:
¿Quién habita tan cerca de las estrellas,
quién tan cerca de las pardísimas lejanías del abismo?
Mi reino ¿qué reino se ha extendido más que él?
Y mi miel ¿quién la ha saboreado?

¡Ahí estáis ya, amigos! Ay, ¿es que no es a mí
A quien queríais llegar?
Titubeáis, os quedáis sorprendidos
¡ay, preferible sería que sintierais rencor!
¿Es que yo ya no soy yo?
¿Es que están cambiados mi mano, mi paso, mi rostro?
¿Es que lo que yo soy, eso, para vosotros, no lo soy?

¿Es que me he vuelto otro? ¿Y extraño a mí mismo?
¿Es que me he evadido de mí mismo?
¿Es que soy un luchador que se ha domeñado demasiadas veces a sí mismo?
¿Qué demasiadas veces ha contendido con su propia fuerza,
Herido y estorbado por su propia victoria?
¿Es que yo he buscado allí donde más cortante sopla el viento?
¿Es que he aprendido a habitar
donde nadie habita, en desiertas zonas de osos polares
Y he olvidado el hombre y Dios, la maldición y la plegaria?
¿Es que me he convertido en un fantasma que camina sobre glaciares?

¡Vosotros, viejos amigos! ¡Mirad!
¡Pero os habéis quedado pálidos, llenos de amor y de horror!

¡No, marchaos!
¡No os enojéis! ¡Aquí vosotros no podríais tener vuestra casa!
Aquí, en el lejanísimo reino del hielo y de las rocas,
aquí es necesario ser cazador e igual que las gamuzas.
¡En un perverso cazador me he convertido!
¡Ved cuán tirante se tensa mi arco!
El más fuerte de todos fue quien logró tal tirantez
¡Pero ay ahora! Peligrosa es la flecha
Como ninguna otra, ¡fuera de aquí! ¡Por vuestro bien!...

¿Os dais la vuelta? Oh corazón, bastante has soportado, fuerte permaneció tu esperanza
¡Mantén abiertas tus puertas para nuevos amigos!
¡Deja a los viejos! ¡Abandona el recuerdo!
Si en otro tiempo fuiste joven, ahora ¡eres joven de un modo mejor!

Lo que en otro tiempo nos ligó, el lazo de una misma esperanza
¿Quién continúa leyendo los signos
que un día el amor grabó, los pálidos signos?
Yo te comparo al pergamino, que la mano
tiene miedo de agarrar, como él ennegrecido, tostado.
¡Ya no son amigos, son ¿qué nombre darles?
Sólo fantasmas de amigos!
Sin duda ellos continúan golpeando por la noche
en mi corazón y en mi ventana
Me miran y dicen: «¿es que no hemos sido amigos?»
¡Oh palabra marchita, que en otro tiempo olió a rosas!
¡Oh anhelo de juventud, que se malentendió a sí mismo!
Aquellos a quienes yo anhelaba,
a los que yo imaginaba afines a mí, cambiados como yo
El hecho de hacerse viejos los ha alejado de mí:
Sólo quien se transforma permanece emparentado conmigo.
¡Oh mediodía de la vida! ¡Segunda juventud!
¡Oh jardín de verano!
¡Inquieta felicidad de estar de pie y atisbar aguardar!
A los amigos espero impaciente, preparado día y noche,
¡A los nuevos amigos! ¡Venid! ¡Ya es hora! ¡Ya es hora!
Esta canción ha terminado, el dulce grito del anhelo
Ha expirado en la boca:
Un mago la hizo, el amigo a la hora justa,
El amigo de mediodía ¡no!, no preguntéis quiénes
Fue hacia el mediodía cuando uno se convirtió en dos...

Ahora nosotros, seguros de una victoria conjunta,
Celebramos la fiesta de las fiestas:
¡El amigo Zaratustra ha llegado, el huésped de los huéspedes!

Ahora el mundo ríe, el telón gris se ha rasgado
El momento de las bodas entre luz y tinieblas ha llegado...

72569008R00080

Made in the USA
Columbia, SC
31 August 2019